「7つの力」を育てるキャリア教育

小学校から中学・高校まで

諸富祥彦 著

図書文化

はじめに

みなさんは、中学校や高校の同窓会に出られたことがおありだと思います。そのとき、どんなことをお感じになるでしょう。

私が感じるのは、勉強や運動の成績が同じレベルにあった人でも、「その後の生き方によってこんなにも人生は違ってくるのだなあ」ということです。

いっぽうの人は、無難で手堅い生き方をされてきたことがうかがえますが、見た目も年齢のわりに老けて見えるし、どこかさえなくて、あまり幸せそうには見えません。ところがもういっぽうの人は、はたから見ただけでも、とても楽しく、人生をエンジョイしているのが伝わってくるし、社会的にもかなり活躍されています。

二人の人生は、どこでこんなにも違ってきたのでしょうか。

もちろん本人の努力もあるでしょうが、それだけではありません。

二人の違いは、学力ならぬ「キャリア力」(=自分づくり人生づくりの力)の違いがもたらしたものです。つまり、幸せな人生を築けている人には、学力以外にも、人間関係をつくる力、自分で自分の人生のテーマを定めてそれを粘り強く追い求めていく力、新たな発想を思いつく力、ふと浮かんだアイデアやたまたま与えられた出会いに思い切って飛び込んでいく力などが、備わっているのです。

みなさんがいま教えている子どもたちがほんとうに幸せになるには、学力以上に「キャリア力」、人生づくりの力が必要なのです。

このことは、自分が充実した人生を歩んできた大人なら、とっくにわかっていたことです。ですから有能な親をもつ子どもは、こうした幸福の秘訣を親から教わってきたのです。けれども、現実にはどうでしょう。子どもたちは多くの親から「とにかく勉強しなさい」としか教わらず、多くの大学生は何のキャリア力ももたないまま、入学してきます。

そして、ただ「何となく」入学してきた学生たちの少なからずが、「何となく」卒業して就職します。その結果、せっかく有名大学を出ても一流企業に就職しても、新卒社員の三十五パーセントくらいが三年以内に会社を辞めてしまうことになるのです。

では、どうすればいいでしょうか。私は、十年以上前から、小学生、少なくとも高学年から中学、高校、大学と一貫してキャリア教育を行っていくべきだ、と主張してきました（『カウンセラーが語るこころの教育の進め方』教育開発研究所）。

そしていま、ようやくそれが実現するときがきたのです。しかもその中でエンカウンターをはじめとして私が学んできたさまざまなカウンセリングの技法が展開されています。

「いまこそ私の出番だ！」そんな思いで、この本を世に出すことになりました。

この本には、いくつか、これまでのキャリア教育の本にはなかったポイントがあります。

ひとつは、学校で行うキャリア教育のねらいを、「出会いに生き方を学ぶ力」「夢見る力」「自分を見つめ、選択する力」「コミュニケーション能力」「達成する力」「七転び八起きの力」「社会や人に貢献することに喜びを感じる力」とまとめたこと。

またひとつは、これらをねらったキャリア教育の内容を「出会いの場セッティングモデル」「内省による夢づくりモデル」「基礎的な能力育成モデル」「キャリア疑似体験モデル」の四つに整理し、それぞれについて魅力的な実践例をあげたこと。

もうひとつには、小学校だけでなく、中学、高校についても、さらにスケールアップしてきたキャリア教育のすぐれた実践例をいくつも紹介し、そのポイントをわかりやすく説いたことです。

「あなたはどんな人生を送りたいですか」式の内省的な方法の行きすぎの弊害を指摘し、とくに小学校段階では、そうした直接的なキャリア教育よりも、むしろ、人間関係の力、与えられた課題をきちんと達成する力、自分なりのテーマを掲げて追求していく力、ひとつのことに熱中する力などの基礎的な能力を育てることこそが重要だと指摘しました。

実際、「自分はどんな人生を送りたいか」といくら内省しても、その基盤となる経験の中身がなければ、何も出てきません。それによって、かえって追い詰められて自信を失い、無気力になる子どもたちも出てくるでしょう。小学校の段階から、将来のことばかり考える頭でっかちな子どもを育てたほうがいいとも思えません。

考えるよりも、動くこと。むしろそちらのほうが重要です。この本では、家庭におけるキャリア教育についてはふれませんでしたが、明治大学の学生が卒論で行ったある調査によると、とくに男の子は、小学校時代に家でお手伝いをしていたかどうかがその後のキャリア意識の形成に影響を与えるようです。また、もし可能であれば、アメリカの家庭のようにパーティーを開いて、さまざまな職業についている友人を招いてわが子とふれあわせることができれば、子どもたちのキャリア意識づくりに大きく役に立つことでしょう。子どもたちは、実際にいろいろな仕事をしている大人たちにじかにふれることを通して「ぼくもこんな仕事をしたい」と思い始めるからです。

最後に、この本のもうひとつのポイントは、第4章に、先生方自身のキャリアについて考えていただく内容を盛り込んだことです。

教師は、長い教師生活の中で自分にはほとんどキャリア選択の機会を与えられないにもかかわらず、つまり、自分自身はキャリアづくりの意識が低くならざるをえないにもかかわらず、子どもたちのキャリアづくりの支援をしなくてはなりません。

しかし、これではだめだ！　と思います。

本書を読んで、まず、自分自身のキャリアづくり、人生づくりについてしっかりと考えてください。もちろん、定年後の人生について思いをめぐらすのもいいでしょう。

私は、毎年ゴールデンウィークころに、さまざまな業種の方々を対象にした「人生創造ワークショップ」という心理学的な体験学習を行っています（ご関心がおありの方は私のホームページをご覧ください http://morotomi.net/）。この章は、このワークショップの内容にもとづき、プランド・ハップンスタンス・セオリーという最新のキャリア理論をもとに書かれています。

「まずはイエス！」の精神で、人生の新たなステージを切り拓いていってください。

明治大学文学部教授　諸富祥彦

目　次

「7つの力」を育てるキャリア教育

――小学校から中学・高校まで――

目　次

第１章

小学校からの
キャリア教育は
ここがポイント

キャリア教育とは何か〜四つのモデル〜

直接的、間接的な自分づくり、人生づくりのサポート

キャリア教育とは何か？

私がこの問いに一言で答えるならば、

「キャリア教育とは子どもの自分づくり、人生づくりのサポートである」

となります。

一人一人の子どもがこれから自分はどんな人生を歩んでいくのか、どんな自分をつくっていくのか、それを考えていくのを手伝うのがキャリア教育です。ある意味でこれは、教育の目標そのものであり、カウンセリングの目標ともイコールと言えます。二十年後、三十年後、「こういう人生を生きることができてよかった」「こういう人生をつくることができてよかった」と実感できる子どもを育てていく。それがキャリア教育なのです。

キャリア教育は、大きくいって二つの要素があります。

一つは直接的なキャリア形成支援です。職業選択意識や人生構想能力に焦点をしぼって子どもの力を育てていくことです。

どういう人生を生きたいのか、どんな仕事につきたいのか、どんなキャリアを身につけていきたいのか――小学校から大人にいたるまで、たえず練り直し、考え直していくことをサポートしていくのが、直接的なキャリア形成支援です。

ただ、「小学校からのキャリア教育」となると、キャリア教育の幅は少し広がります。より間接的に、キャリア形成に必要な基礎力を身につけさせることがもっと重要になってきます。これがキャリア教育に必要な二つめの要素です。

低学年の子どもに将来どんな職業につきたいのかを考えさせすぎてもあまり意味がありません。むしろ、子どもたちを追い詰めることになりかねません。

そこで、将来自分のキャリアを築いていく、職業選択をする、職業生活を営んでいくうえで必要となる基礎的な能力――例えば人間関係能力とか、責任をもって割り当てられた役目を果たす力など――を育んでいくことに主眼をおくことが必要になってくるのです。

イヌーッ!
でんしゃ…
カキ氷
イチゴーッ!
プンギン
ウルトラマン!
なっとう…
ケーキ
カブトムシ
パンダ
みんな大きくなったら何になりたい…?
まだ早いんじゃない…

文部科学省では、キャリア教育を「一人一人の勤労観や職業観を育てる教育」と位置づけています。さらに、キャリア教育の推進に関する総合的調査研究協力者会議の報告書（平成十六年四月二八日）によれば、「キャリア元年に基づき、児童生徒一人一人のキャリア発達を支援し、それぞれに相応しいキャリアを形成していくために必要な意欲・態度や能力を育てる教育。端的には児童生徒一人一人の勤労観・職業観を育てるための教育」としています。

たしかにそのとおりではありますが、小学校からのキャリア教育では、勤労観・職業観の育成以前の段階がより重要になってくるのではないでしょうか。小学校でのキャリア教育は、はるかに広範な領域に及ぶ基礎的能力の育成にかかわるものではないでしょうか。

小学校低学年からのキャリア教育とは

私は、職業観や勤労観を育てるためのキャリア教育――直接的なキャリア教育――は、小学校五年生くらいからでいいと考えています。小学校低学年からのキャリア教育においては、より基礎的な能力――キャリアを形成するのに必要な意欲・態度・心構え・能力・

スキルなど――を幅広い角度から育てていくべきだと考えているのです。

例えば、キャリア形成に必要な能力・スキルの育成という角度からみれば、構成的グループエンカウンターで友達づくりの経験をすることも、キャリア教育の一環と言えるわけです。見知らぬ人に話しかけることができるのも一つの能力ですし、テストの点が悪くても「次にがんばろう」と前向きな態度になれるのも、キャリア形成の基礎的な能力と考えることができます。

このようにキャリア教育を幅広くとらえてはじめて、小学校低学年から導入できるといえるのです。こうした考え方があってこそ、「キャリア教育の目的は、すなわち教育の目的そのものである」という考えも生きてくるのです。

そうなると、キャリア教育といっても、とくにこれまでやってこなかった新しいことをやる必要はなくなってきます。現在、自分の学校ですでに行われているさまざまな教育活動が実はそのままで、キャリア教育なのです。これまでもすでに行ってきた多様な教育活動をキャリア形成との関連で理解し、整理していくこと。そうした枠組みとして、キャリア教育という考えを理解していただいても差し支えありません。年間教育計画を立てる、キャリあるいは具体的なカリキュラムをつくるというときに、学校の教育全体をこんなふうに組み立てていこうという視点・枠組みとして「キャリア教育」という概念があると理解すればいいのです。言い換えれば、子どものキャリア形成とのかかわりという視点・枠組みで行われる教育はすべてキャリア教育になりうるのです。

キャリア教育の導入に際して強調されているのは、「発達段階」という観点です。「キャリア教育は、キャリアが子どもたちの発達段階やその発達課題の達成と深くかかわりながら段階を追って発達していくことを踏まえ、子どもたちの全人的な成長・発達を促す視点に立った取組を積極的に進めることである」（キャリア教育の推進に関する総合的調査研究協力者会議・平成十六年一月）とあります。

「小学校低学年向けのキャリア教育」といわれてもピンとこないという方が少なくないでしょう。それは、直接的に職業観や勤労観を育てることが、はたして小学校低学年の子どもたちの発達段階に合っているかどうか疑問が生じるからでしょう。

小学校低学年でのキャリア教育では、直接的な職業観の指導をするわけではありません。むしろ、「発達段階に応じて、基礎的な能力を育んでいくことが小学校でのキャリア教育

	直接的	間接的
内省型	2．内省による夢づくりモデル	
活動型	1．出会いの場セッティングモデル 4．疑似体験モデル	3．基礎的な能力育成モデル

キャリア教育の４つのモデル

の柱」になるのです。キャリア教育でめざすのは全人的な能力。あまり狭く考える必要はありません。

キャリア教育の四つのモデル

では、小学校での基礎的な能力育成に始まり、中学、高校、大学の発達段階にそって、一生を見通したキャリア形成をどのように支援していくといいのでしょうか。

ここで、キャリア教育の四つのモデルを紹介しましょう。

キャリア教育のモデルは、まず活動型と内省型の二つに分かれます。そして、より直接的なキャリア教育なのか、間接的にキャリア形成の基礎力を培うものなのかによって、いくつかのタイプに分かれるのです。

1 出会いの場セッティングモデル

一番目は「出会いの場セッティングモデル」です。私はこれをいちばん重視したいと思っています。

人が、自分はどんな人生を生きたいか、どんな職業の道を進んでいきたいかを決めるのには、いろいろな理由があり、いろいろなきっかけがあります。

しかし、いい人生を歩んでいる人に多いのは、ある人との出会いによって「こんな人になりたいなあ」「こんな仕事をしてみたいなあ」と思える「具体的な人物との出会い」に、人生の流れを決定づけるようなインパクトを受けていることです。自分のモデルになる人との「出会い」が人生を方向づけ、豊かにしてくれるのです。

「出会い」は古くから「ご縁」という言葉で大切にされてきました。キャリア教育とは、「ご縁を大切にする教育」であるといえるのです。私はこの「ご縁」という考えが、キャリア教育で最も重要なものだと考えています。

魚屋さんと
八百屋さんと
パン屋さんに
インタビューしたら
もらった・・・
まあっ
で、
どうだったの
インタビューは・・・

しかし、ご縁は、手をこまねいていて生じるわけではありません。キャリア教育では、教師がさまざまな出会いの場をセッティングすることが大切です。

例えば、学校にゲストティーチャーを呼んで話を聞くのもいいですし、小学生であれば、町でいろいろな仕事をしている人たちにインタビューするのもいいでしょう。中学生や高校生であれば、自分が「こういう仕事をしたいなあ」と思っている人に直接に会いにいって、インタビューしてくるなどの方法があります。大きく分けると、いろいろな職業の方を学校内部に呼び込む「呼び込み型」と、子どもたち自身が外に出ていく「出向き型」という二つの方向性があります。

どちらのやり方でも、出会いの場をセッティングすることで、子どもたちのキャリア意識は刺激されます。さまざまな人との生のふれあいによって、「私もこんな道を歩めるのかなあ」「ああ、こんな仕事をしている人もいるんだなあ」と思うでしょう。ご縁が形となり、そのご縁の力によってキャリアが形成されていくのです。

出会いの場をセッティングできるのは、学校ばかりではありません。家庭教育でも極めて重要なことです。家庭でできるキャリア教育としては、父、母それぞれの学生時代などの友人、知人でさまざまな職業についている人を招くのがおすすめです。いろいろな人と直にふれあい、直にその方の仕事の話を聞くことで、子どもたちのキャリアへの目は開かれていくのです。

アメリカでは家庭でパーティーをよく開きます。パーティーにいろいろな人が来ることで、子どもはいろいろな出会いを経験し、「こういう生き方もあるんだなあ」と、いろいろな仕事や生き方を目のあたりにするのです。たとえ意図していないにしても、これは子どもたちのキャリア志向を結果的に刺激しないではいないはずです。さまざまな人の人生に直にふれることを通して、自分の人生に対する心構えが育っていくのです。

いろいろな職業についている人との出会いの場をセッティングしてあげることが、いちばんいい刺激になると私は思っています。

2 内省による夢づくりモデル

キャリア教育の四つのモデルの二番目は「内省による夢づくり（自分づくり）モデル」です。内省をして自分自身と向き合うことを通して、自分はどんな仕事につきたいのか、十年後、二十年後はどんな自分になっていたいのかを、自問自答することで明確にしていくのです。キャリアカウンセリングの場で従来から行われてきた実践を学校現場に応用するものです。

具体的な方法としては、自分のキャリアについての意識を明確にする、キャリアアンカーを明確にする、いろいろな職業を分類して自分の興味のある職業を選んでいく、自分の将来の設計図やキャリアデザインを描くなどの方法があります。構成的グループエンカウンター等のエクササイズを使ってキャリア意識を深めていくのもこれにあたります。

内省による夢づくり、自分づくり（キャリア志向の明確化）はキャリア教育の伝統的な方法の一つです。しかし、こればかりやり過ぎるのはよくありません。というのは、この方法をあまり多用すると、子どもたちの自意識を過剰に刺激することになるからです。

最後の章で詳しく紹介しますが、成功した人生を送っている人の節目節目を調べてみたある研究によると、成功した人生は八割方、偶然のできごとや偶然の出会いによって導かれていったことがわかっています。必ずしも幼いころから自分がどんな人生を送りたいか、意識して自覚的に努力し、目標に向かった成果ばかりではないのです。

あまりに早くから自分のキャリアを意識し、将来設計を明確にしすぎると、観念的になったり強迫的になったりして、心のやわらかさや自由度を失うことがあります。その結果、将来に対して不安や防衛心ばかりが強い、まじめな堅物、若年寄り的な人間を育んでしまうことになりかねません。

したがって、「内省による夢づくりモデル」を多用しすぎると、かえって子どもたちのキャリア形成の足を引っ張ることにもなりかねないのです。ある程度の間隔を空け、一年に一度程度にとどめておくのがよいと思います。

3 基礎的な能力育成モデル

キャリア教育の三つめのモデルは、「キャリア形成の基礎的な能力の育成モデル」です。直接的にキャリア（自分たちの将来）を意識させることだけがキャリア教育とは限りません。高校生なら直接的にキャリアを意識させるものが中心でもかまいませんが、小学生の場合、子どもたちの自意識を過剰に刺激しすぎると、マイナスにもつながりかねません。

義務教育段階でのキャリア教育では、直接的にキャリアを意識させるものではなく、むしろ、さまざまな職業をやり遂げていくうえで必要とされる基礎的な能力を育成していくことが重要なのです。

では、「さまざまな仕事をやり遂げるうえで必要となる基礎的な能力」とは何でしょうか。その代表的な一つめはコミュニケーション能力、二つめは課題達成能力、そして三つ目に、「七転び八起きの力」をあげたいと思います。

説明しましょう。まずは、コミュニケーション能力について。ほとんどの仕事では、人とのコミュニケーションが必要となります。お互いにお互いの考えを理解し、協力し合うことなしには、どんな仕事もうまく成し遂げられません。その意味で、他者とのコミュニケーション能力こそ、義務教育段階でのキャリア教育に必須のものといえます。

構成的グループエンカウンターやソーシャルスキルトレーニング、ピアサポート、グループワークトレーニング、アサーショントレーニングといった、社会性を育てるために開発されたカウンセリングのグループアプローチが、ここでこそ力を発揮するのです。

どんな仕事につこうとも必要な基礎的な能力の二つめは、課題達成能力です。どんな仕事でも、自分に与えられた役割を責任をもって成し遂げる力が求められるのはいうまでもありません。そして課題を成し遂げるには、根気強さ、ねばり強さが必要であることは説明の必要もないでしょう。

この力を身につけさせるため、学校では、行事や係活動へ取り組ませます。「自分は責任をもって一つのことを成し遂げることができるのだ」という達成感を味わわせることで、課題達成能力を育てていくのです。

三番目に必要な基礎的な能力は、「七転び八起きの力」です。最近の子どもや若者は何かつらいことがあるとすぐにキレてしまったり、あきらめたり、投げ出してしまうのが特徴です。この背景には、子どもたちの「傷つきやすさ」があります。プライドばかり高くて傷つきやすい。それがいまの子どもの特徴です。自分にとって少しでも不快なことがあるとキレて投げ出してしまう。これがひいてはニートやフリーターの増加にもつながっています。

ですから、とくに義務教育段階でのキャリア教育に必要な基礎的な能力として、私は「七転び八起きの力」をあげておきたいのです。それは、たとえ何か不快な出来事に直面して一度は挫折したとしても、もう一度起き上がって取り組むことができる力であり、

〝敗者復活の力〟でもあります。

人生には失敗はつきもの。しかしいまの若者たちは、一度失敗すると、〝傷つき〟を理由にチャレンジする意欲を失いがちです。

何度失敗しても、チャレンジし続ける「七転び八起きの力」こそ、キャリア形成の基礎力といえるのです。

４　キャリア疑似体験モデル

キャリア教育の代表的なモデルの四つめは、キャリア疑似体験モデルです。

どんなに内省し、キャリア意識を向上させ、またキャリア形成にとって必要な基礎力を身につけても、実際に仕事をして仕事の喜びを体験してもらうことにはかないません。小学校段階から、実際の職業体験に近い体験を、少しでももたせることが重要だと思います。

その最も代表的な方法の一つが、職場体験学習です。すでにほとんどの中学校で実施されていますが、近々すべての中学校で一年に五日間程度の職場体験学習に取り組むようになると思います。理想をいえば、一年生、二年生、三年生と毎年五日間ずつ職場体験学習があればと思います。それほど職場体験の重要性は認められているのです。

またいくつかの中学校で行われていますが、実際にお店（模擬店）を出してみる、実際に起業家として企業経営の疑似体験をしてみるなどの方法もあります。高校の場合は、生徒が一定期間、実際の企業に出向いて、仮インターンシップのような経験をするという方法もあります。大学生で盛んに行われているインターンシップに近い体験を、高校でさせてもらうのです。

仕事に取り組むとはどういうことなのか、自分が何に向いていて何にワクワクするのかは、実際に体を動かしてやってみないとわかりません。疑似職業体験は子どものキャリア形成にとって、何にも代えがたい大きな経験になるのです。

「キャリア教育」という言葉に込められた願い

今回、小学校にキャリア教育が導入されるにあたっては、進路指導とキャリア教育が分けて考えられています。これまでの進路指導は子どもたちの能力・態度と十分に連動していなかったり、単に出口指導にしかなっていないという問題点がありました。進路指導とか進路教育といった場合、かなり限定的な狭い意味でとらえられていたのです。例えば中学校の場合だと、だいたい二年生の後半あたりから、来年受験生になるとこんなふうになるとか、いつごろには志望校を決めなければいけないという指導が行われていました。

これに対してキャリア教育では、もっと幅広い観点から、キャリア発達を促す指導と進路決定のための指導とが系統的に展開され、将来、社会人・職業人として自立し、時代の変化に力強く柔軟に対応していけるよう、多様な能力を形成・支援していくことが念頭におかれています。

従来のような進路指導は、よほど中学受験の多い小学校ならいざ知らず、一般的な小学校ではあまり必要がなかったことはいうまでもありません。しかし、キャリア教育は、もっと幅広いもの。将来の職業選択までも見通した〝人間教育〟とでもいうべきものです。だから、小学校でも当然必要となるのです。

小・中・高校で通して行うキャリア教育の柱

キャリア教育を実践するための指針として、四つのモデルを提案しました。これに基づ

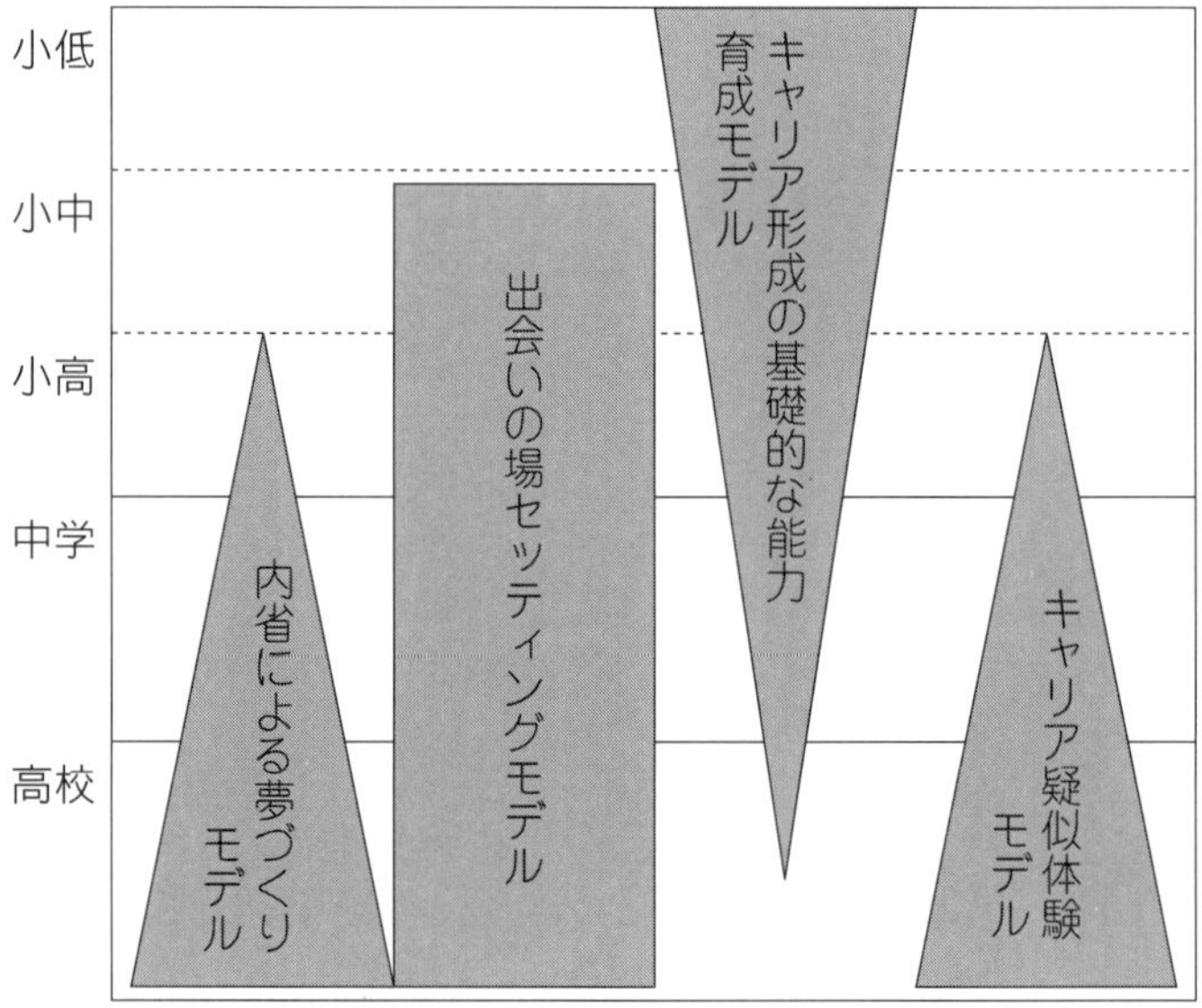

小・中・高校のキャリア教育の柱

いて小学校、中学校、高校で行うキャリア教育の違いを整理しておきたいと思います。

まず小学校から高校まで一貫して実践するのは「出会いの場セッティングモデル」です。出会いの場をセッティングすることで子どもたちの〝夢みる心〟を刺激し育んでいくことが、小・中・高校を通したキャリア教育の柱なのです。

これまでキャリア教育では自己決定が重要視されてきました。もちろん、自分で決め、自分で選ぶ力を育てることは重要です。しかしそれ以上に、さまざまな出会いの場をセッティングすることで、子どもたちの夢づくりを刺激していくことが、より重要なキャリア教育の柱の一つになるべきだと私は思います。

小学校では基礎的な能力を育てる

小学校では、「キャリア形成の基礎的な能力育成モデル」が中心になります。小学生に「内省による夢づくりモデル」による指導をしすぎると自意識過剰になり、弊害が多いのです。だから、基礎的な能力として、コミュニケーション能力や役割達成能力を育てる取り組みを中心に進めていくのがよいのです。

そのため小学校段階では、これまでもさまざまな領域ですでに実施されている教育活動を、キャリア教育の視点から再構成することが重要になります。例えば、「係活動パワーアップ作戦」という小学校三年生の実践（二章一五九頁を参照）があります。これは、これまでの係活動を振り返り、これからの係活動の計画を立てるというこれまでも見られた実践ですが、それを学校全体でキャリア教育の枠組みに位置づけ直すことで、小学生にフィットした、基礎的な能力育成モデルの実践になっています。すでに行われてきた教育活動であっても、キャリア教育という枠組みの中に位置づけることで、新たな意味を獲得するのです。

直接的なキャリア形成能力を育む中学・高校

中学校や高校で中心になってくるのが「内省による夢づくり（自分づくり）モデル」と「キャリア疑似体験モデル」です。この二つのモデルに共通した特徴は、子どもたちに直接キャリア形成能力を育んでいくことです。違いは、前者が内省中心、後者が活動中心である点です。この二つの柱の比率が、中・高・大学生になるほど高まっていくのです。

「内省による夢づくり（自分づくり）モデル」では、自分を見つめたり、自分のキャリアアンカーを明確にしたりして、自分のキャリアについての価値観を明確にしていきます。また自分がキャリアについてどんな考え方をもっているのかを整理していきます。大学の就職支援でもこれらのことは行われています。

いっぽう「キャリア疑似体験モデル」の典型は、いま大学で盛んになってきたインターンシップです。私が勤務している明治大学でも、ほとんどの学部で学部ごとに企業と契約を結び、インターンシップを行っています。インターンシップでは、単に職場を体験するだけでなくて、一般の社員と同じだけの責任を与えられて、実際に仕事に取り組んでみるものです。自分がどんな仕事に向いているかは、実際に責任をもってその仕事に取り組んでみて、初めてわかるものなのです。

私の場合もそうです。カウンセラーになりたいと思い、大学三・四年生のとき、近くの児童相談所に通いました。一日千円程度と半ばボランティアに近い報酬で、不登校の子どもたちのデイケアに参加させてもらっていたのです。そのときの体験を通して、不登校の子どもとのかかわりに楽しみをおぼえ、いまのキャリア選択に結びついたところがあります。

いま心理学専攻の学生と話していると、自分がカウンセラーに向いているかどうかわからないとか、恐ろしくて大学院を受けられないと言う学生がいます。私はいつも「興味ある現場に半年から一年、通ってみればいいよ」とアドバイスします。自分がその職業に向いているかどうかは、見学するだけでなく、実際にその職場に行き、実際にやってみないとわからないものだからです。しかし、多くの学生は、教師がセッティングした現場の見学に行っても、自分で現場を探して通い続けることはしません。これではすでにカウンセラー失格です。この程度の興味・関心で続けられるほど甘い仕事ではないからです。

人生教育に欠かせないテーマ

キャリアとは人生そのものです。「キャリア教育とは、すなわち人生教育のことである」と言ってもいいでしょう。キャリア教育は、それぐらい幅広くとらえられるべきものだと私は考えています。

キャリア教育を人生教育ととらえる際に参考にしていただきたいのが次の点です。

まず人生には職業面と個人生活面の二つがあります。キャリア教育を「職業教育」と考えてしまうと、個人生活面が抜け落ちてしまいます。これに対し、「キャリア教育＝人生教育」と考えた場合は、職業面だけではなく、個人生活面も含めて考えられます。

結婚したいのかしたくないのか、子どもを生みたいのか生みたくないのか。結婚するにしても一緒に暮らすのか、別居するのか、その形はさまざまです。どういった形の家庭生活を営みたいのかということを考える。こうした力を育むこともまたキャリア教育が担う部分なのです。

人生を職業生活と個人生活という側面でとらえると、その中間領域もあります。この領域でまず出てくるのが金銭教育です。税金や確定申告のこと、年金や投資の話などの現実的な金銭教育は、義務教育の間に最低限教えておいたほうがいいと思います。社会科などをうまく使うと実践しやすいでしょう。

金銭教育のほかに必要なのが健康教育です。食育やダイエットの教育なども含めながら、保健体育や家庭科あるいは生活科で行うことができます。

広義のキャリア教育の中には、こうしたすべての領域——結婚・恋愛・金銭・健康など——が入ってくるのです。

なぜいまキャリア教育なのか

私のキャリア教育ことはじめ

私は十年前から「キャリア教育は小学校から」と言い続けてきました。当時は小学校のキャリア教育など、まったく考えられなかった時代です。一九九六年に出版された『カウンセラーが語るこころの教育の進め方』（教育開発研究所）でも、キャリア教育は遅くても小学校五年生から始めるのが望ましいと主張しました。

なぜ早い時期からのキャリア教育が必要と考えるようになったのか。

例えば大学生であれば、学生生活を送るなかで、友人たちと将来について語り合うのが普通だと考えられているでしょう。しかし、いまだに「将来のことはあまり考えたことがない」という大学生が少なくないのです。とりわけ、入学して間もない大学生には、将来何になりたいのか、どんなふうに生きたいのか「そんなこと、一度も考えたことがなかった」と言う学生が少なくないのです。大学を選ぶにも、点数や偏差値は重要視されても、「自分はこんな人生をつくりたいから、そのためにこの学校に行こう」といった意識は残念ながら、ほとんど育まれてはいません。

十年くらい前から、高校段階でのキャリア教育の重要性が意識され始めました。そしてついに小学校段階からのキャリア教育が注目されるようになってきたのです。私が十年前から提唱してきたことが現実のものとなったのです。

思春期に入り、〝友達と違う自分〟を強烈に意識し始めるのが、ちょうど小学校五年生くらいです。このころから「自分はどんな人生を歩んでいきたいのか」「どんな職業について、どんな自分づくりをしていきたいのか」という問いを、たえず自問自答する習慣をつけていく必要があると、私は考えています。

根性と忍耐〜まじめガンバリズムの時代

文部科学省は、十数年前から「自分づくりの支援」を強調した発言をするようになりました。なぜ十数年前からなのでしょうか。

それまでは、どんなふうに生きていくのかを、一人一人が考える必要のない時代でした。みんな同じ生き方をすればよかった時代、日本人がみんな同じ目標をもち、同じ方向に歩んでいけばそれでよしとされた時代でした。「自分づくり」などと言えば、子どもたちのわがままを助長すると理解されても仕方がない雰囲気がありました。それが、もうそのような時代ではなくなったと文部科学省が認めざるを得なくなったのが、十数年前というわけです。

たしかにこのころから時代の雰囲気はありありと変わってきました。みんなで同じ方向をめざすことなんてできない。それぞれの子どもたちが自分で自分の人生に責任をもち、自分づくりをし、自己実現をしていく。国や学校にできるのはせいぜいそのサポートである。人生を築いていくのは親や教師ではなく、学校でもなく、子ども自身である――そういった認識が育まれてきたのが九〇年代前半だったのです。

では、なぜそういう時代になってきたのでしょうか。少し時代を振り返りながら見ていきましょう。

一九七八年以前は「まじめガンバリズムの時代」と名づけることができます。みんなが

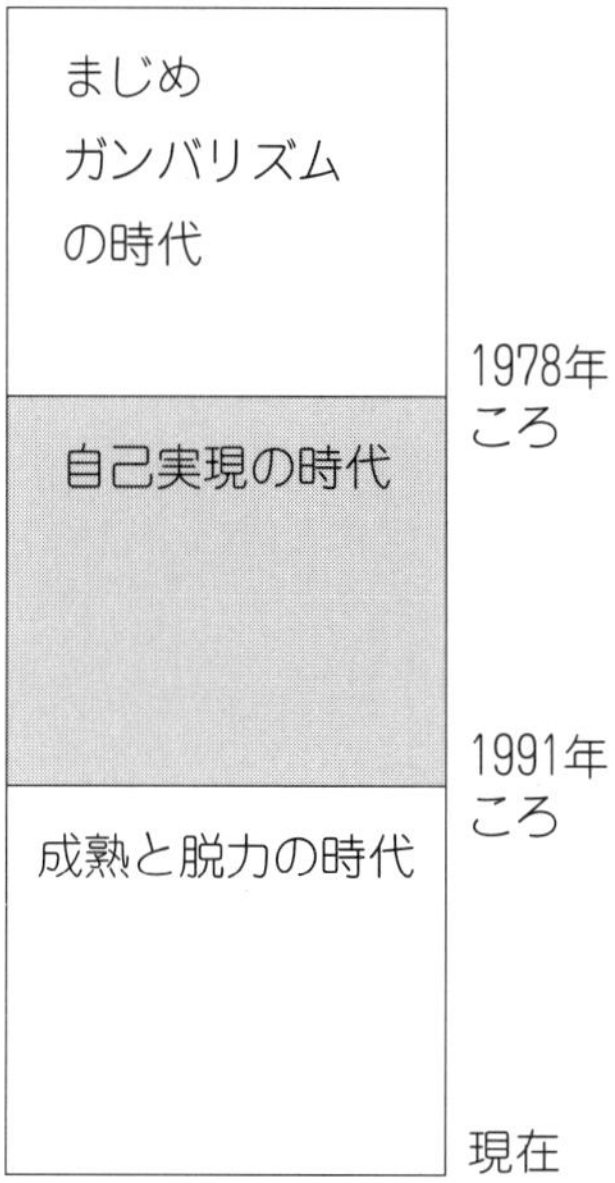

同じ方向を向いていればよかった時代です。一九七八年からは個人の個性が重要視され始め、「自己実現の時代」に入っていきます。そして一九九一年からは「成熟の時代」というように、大きく三つに分けることができます。

「まじめガンバリズムの時代」は高度経済成長の時代です。国民の多くがまだ貧困でしたから、「みんなで豊かになりたい」「少しでも豊かになっていい暮らしをしたい」という共通の欲求がありました。そうした思いに後押しされて、高度経済成長を成し遂げたのです。

そんな時代に最も重んじられた価値は「忍耐」と「根性」でした。道徳的に表現すると、不撓不屈の精神が重要視され、協調心が何よりも重んじられました。まじめでコツコツと根性と忍耐でがんばって、わがままを言わずに協力し続ければ出世できるし、幸福な人生を歩むことができるという時代でした。

よく勉強していい学校に進み、いい会社に入れば、会社もうかって世の中のために貢献でき、自分も豊かになれる。人からも尊敬されるいい人生が歩めるという、学歴神話が通用していた時代です。この時代には、自分がどんな人生を歩んでいくのか、どんな仕事につきたいのかなど考える必要はなかったため、キャリア教育の発想が入り込む余地はありませんでした。

『巨人の星』や『アタックナンバーワン』など、当時の子どもたちの心を支えていたスポーツ根性モノのアニメの主題歌が表しているように、男は根性、女は忍耐が何にも優る美徳とされました。根性と忍耐で同じ方向を向いてひたすら歩み続ければそれでよかったのです。疑うことを知らなくてよかった時代と言っていいでしょう。

何をめざすべきかわからない〜総脱力化の時代

この価値観が崩れ始めたのが一九七八年です。一九七四年、一九七九年と二度にわたるオイルショックを経験し、一ドルが二百円を切ったころです。

日本人全体がだいぶ豊かになり、一般的な庶民がそこそこ豊かな暮らしを享受し始めました。タレントで言うと、山口百恵さんがまじめガンバリズムの時代の、忍耐が似合う最後の女性タレントだったと言っていいでしょう。やがて時代は自己実現の時代に移り、松田聖子さんや中森明菜さんなど、かわいいけれど多少自己主張しそうな感じの女性タレントが人々の共感を集めるようになった時代です。

めざましい経済成長を遂げ、国全体が豊かになってくると、国民が一致団結してめざすべき目標がなくなってしまった……。これが時代の大きな転換となりました。

それまでは、自分で自分の生き方を探したりなどしなくても、社会や国家全体が「こっちを向けばいい」と価値観や方向性を示してくれました。けれども一九七八年以降だんだんその傾向は弱まっていきました。九〇年代になると、もう国も社会も生き方の方向性を指し示してはくれないことは明らか……。

いまでも、この状態は続いています。

自分で自分の生き方をつくっていこうという構えはない。けれども社会や国家も新たな方向性を何も指し示してくれない。

お金はイメージできるようだが、
稼ぎ方がイメージできてない・・・
プロセス無しですか・・・

その流れの中で日本人は総脱力化したまま。人によっては、いまの日本人は魂のぬけがらで、お金にしか価値を感じられないけれども、お金を得たら得たで、人生何も変わらないと、とたんにムナシクなってしまう……生きているか死んでいるかわからない〝ゾンビ〟のような状態だという人もいます。

国民的目標を失った時代に浮上したキャリア教育

こうしてエネルギーが失われていった日本人。その流れの中で、ニートやフリーターの問題、引きこもりの問題、そして晩婚化や少子化の問題が浮かび上がってきたと考えられます。これらの問題の根幹には、国民全員で共有できる目標や方向を国が指し示すことができず、といって、個人も自分で自分の生き方をつくるだけの能力もエネルギーもないという状態のまま、時間だけが過ぎていったツケが回ってきたのだと考えられます。

ここに、「いまなぜキャリア教育なのか」という問いに対する答えがあります。国や社会はみんなが共通してめざすべき目標を指し示してくれません。これがいいのだという理想的な人生の型を示してはくれないのです。

もはや一人一人が「自分はどういう人間になりたいのか」「どう生きていきたいのか」を自分で構想しないと生きていけない時代——それが現代なのです。

いままでの学校教育は、こうした力を重要視してきませんでした。むしろ、自分で考える個性的な子どもより、教師の扱いやすい、団体行動の得意な子どもを歓迎してきたとも言えるでしょう。

しかし、もうそんなことは言っていられない。いまからでも、子どもたちに自分で生きる力をつけなければいけないということで、浮上してきたのがキャリア教育です。

小学校からのキャリア教育が求められる背景にあるのは、一人一人の子どもに生きる力——困難な時代を生きぬいていく力——を身につけてもらうしかないという非常に現実的なニーズなのです。

生き方・価値観の多様化の中で

国民全体がめざす目標や価値がないことを嘆く人もいます。嘆くあまりにいろいろなナショナリズムに走る人もいます。

しかし、経済的に成長を遂げた国家では、個人の生き方が相対化され、独自の生き方が許容されていくという、成熟社会ならではの特徴があります。

そういう見方をすれば、現代という時代を必ずしも嘆く必要はないのかもしれません。むしろ個々人が自分はどう生きたいのかを考え、それぞれの違いを認め合って生きていくことができる、一人一人の個性を尊重する時代になっているのです。

国や社会が一つの正しい生き方を方向づけ、その枠に子どもたちをはめ込んでいくのではなく、子どもたちの個性や能力が十分に発揮されるようにサポートしていこうというのが、キャリア教育の趣旨です。前向きにとらえれば、生き方や価値観の多様化を尊重する時代にあって、子どもたち一人一人の自己実現をサポートしていくことがようやく可能になったといえるのではないでしょうか。

私はこのキャリア教育が一過性のブームではなく、少なくともこれから五十年間は続くだろうと見ていますし、そうでなければいけないと考えています。

子どもたち・若者たちの心の現状とキャリア教育

働きたくない、結婚したくない脱力男子

私が大学教員になって十四年目になります。当然ながら、いろいろな学生たちとつき合ってきました。そんな中で感じていることの一つは、とくに男の子たちが危ない、元気がないということ。私はキャリア教育が必要なのはとくに男の子だと感じています。

例えばゼミに来る学生を見ていると、女子学生などは、

「〇〇ちゃん、就職決まった？」

「うん、二社内定が来た」

と、元気あふれるノリで就職活動に関して盛り上がります。ときにはうるさく感じるくらい元気がいいのです。

彼女たちは就職したとしても、数年したら結婚し、出産・育児のために仕事を辞めざる

をえない状況になるかもしれないという危機感があるのでしょう。だからこそ、卒業したらすぐに勤め始めようと、就職活動にエネルギーを注ぐのかもしれません。全般的に女子のほうが意欲的なのです。

それに対して男子学生は、「そういう話は俺にふるな」という雰囲気が非常に強い。就職活動にはあまり熱心ではありません。

授業などで討論すると「できれば働きたくない」と本音をもらす男子学生も増えています。ゼミの飲み会などで、男だけで本音の話をしようとなったときに聞かれるのが、「働きたくない」「結婚したくない」といった言葉です。

結婚すれば家族を養わざるをえなくなる。俺は自分のことで精一杯で、とてもそんな重い責任は一生負いたくない。だから結婚したくない……というわけです。これがニートやフリーター現象、少子化・晩婚化の問題につながっているわけです。いまさかんに論じられているこうした社会問題にも、「重い責任を負いたくない」「できれば、回避していたい」という若い男の子たちの願望が反映されているように思います。

ターゲットを見失った獲物なきオス

「働きたくない」「結婚したくない」と語る若い男性が増えていると言いました。私は、こうした現象は時代の端境期に特有なものであるとも思っています。

日本人はこれまで人生をデザインしていくための教育を受けてきませんでした。それもあって、自分で自分の生き方を見つけていくのが苦手です。自分で人生のターゲットを見つけ出してくる方法を手にしていないのです。

日本人の男性はみんなで同じ方向に進むときにはとてつもない強さを発揮します。だからかつての高度経済成長時代のように、みんなで協力して同じ方向をめざそう、豊かな生活をめざして手と手を取り合ってがんばろうというときにはエネルギーを発揮できたのです。

しかし、いま日本人の男性はターゲットをなくした獲物なきオスといった状態です。共通する目標を失ってしまうと、自分ではターゲットを探し出すことができないから、元気がなくなってしまう。進むべき方向を見失ったまま、「何だか元気が出ないなぁ」と感じながら、お互いがお互いにもたれ合って生きているのです。

低下するコミュニケーション能力……一人になれない男子

加えて今の男子に特徴的なのは、コミュニケーション能力の低さです。

例えば私の研究室に一人で入ってくるのは女子ばかりです。カウンセラーになりたいから話をしたいとか、自分の問題に向き合うためのヒントを得たいと言いながら、研究室にやってきます。

いっぽう、男子学生は、一人で来ることはまずありません。

たいていベターッと二人連れでやってきます。女子高校生には「トイレに行くのも一緒」という時期がありますが、大学では男が群れ始めるのです。

とにかく彼らは一人になれない。研究室にも何人かで一緒に入ってきて、持ってきた缶コーヒーをブチッと開けて飲みながら、「疲れたぁ～」などとぼやいている。

「なんで疲れてるの」と聞くと、

「先生、何もやることがないって疲れますよね～」

けだるい雰囲気をかもし出しています。

男子学生は、一人で教員と対峙《たいじ》する自信がないので友達と群れてくるのです。

次のような笑うに笑えないエピソードもあります。

ある日、例のごとく二人連れの男子学生が私の研究室に入ってきました。

「ぼくたち、まだ卒論のテーマが決まっていないんです。研究室が決まっていないんですけど……」

「ずいぶん遅いねぇ。でもまぁ、話だけは聞こうか」

それで一人にどういう状況なのかを聞くと、

「ぼくはいじめのことをやろうと思っているんですけど」

「ふ～ん。まぁテーマとしては合っているよね。ここはカウンセリングの研究室だから」

それで今度はもう一人に同じように聞くと、
学生A「僕は微分積分をやろうと思って……」

私「……？（何を言っているんだろうか）」

それでも気を取り直して、私が
「微分積分は、心理学じゃなくて、数学の研究室じゃないかなぁ」

と言うと、

「……（沈黙）」

と、彼らは沈黙したまま、一言も発さずに顔を見合わせています。

学生Ａ「ということは、ぼくたち一緒の研究室に入れないってことですか」

私「いじめと微分積分はふつう違う研究室じゃないかなぁ」

学生二人「……（沈黙したまま、顔を見合わせる）」

やはり、一言も発しません。

「じゃあ、ぼくたち一緒に入れる研究室を探して来まぁす」

と言って去っていきました。私とは、一言の交渉もしないままにです。

彼らはその後どうなったのか。まったく笑うに笑えない話です。

大教室での授業ではこんなことがありました。

ある男子学生が途中から入ってきました。彼は、多くの学生がそうするように、まず友達がいるかどうか全体を見回して探します。いないとわかるとすぐに出ていってしまいました。

もっと記憶に残っているのは、やはり授業に遅れてきた男子学生ですが、そのときは友達が先に来ていたようです。教室の席はほぼ埋まっていましたが、後ろのほうにいくらか空席がありました。しかし、彼は席には座りません。自分のいちばん仲のいい友達の横にスーッと近づいてきたかと思うと（三人がけのその机は満席）、なんと、その場の通路に座り込んだ!!のです。

「そこは通路だから、やっぱり空いている席に座ってもらえない？」

私がそう言うと、

「エーッ、でも、ぼくたちすごい仲よしなんです」

「仲よしなのはわかるけど、授業が終わってから仲よくすればいいでしょう。とにかく授業中なんだから席に座ろうよ」

私がそう言うと、彼はスーッと教室から去っていきました。

こうした話は枚挙にいとまがありません。

友達と一緒にいないと授業も受けられないし、卒論の研究室を決める際には、テーマや担当教官ではなく、友達と一緒に入れるかどうかを優先して決める。そんな傾向が、最近の男子学生には強く見られます。個になる力がまったく育っていないのです。

ほめ合いの絆……傷つきやすさとパワーレス

もう一つ、いまの男子学生に見られる傾向は、男の子同士、やたらとほめ合い、かばい合う点です。人気の若手お笑いコンビ、オリエンタルラジオの決めゼリフ「あっちゃん、カッコイイ!!」が、そんな雰囲気を象徴しています。

友達関係の中でお互い切磋琢磨して、「お前がそう生きるのなら俺はこう生きる」といったノリはありません。何があってもお互い「そうだよねぇ～」「そうだよねぇ～」と言い合っている。その反面、なぜか女子には冷たくて、「女よりも友達のお前のほうが大事だ」といった感じでお互いにもたれ合っています。

友達同士で密着し、お互いに傷つかないように、また傷つけないようにしている男の子たちは、自分自身、自分が傷つきやすいということをよくわかっているのでしょう。そして、だからこそ、大事な仕事や人間関係からひいてしまう……。これは日本の大問題と言わざるをえない事態です。

あるとき、アルバイトとして勤めたあとに正社員になったものの、結局辞めてフリーターになってしまった若者たちと話す機会がありました。

彼らに、

「どうしてアルバイト生活なのか、なぜ正社員になろうとしないのか」

と聞いてみました。

返ってきたのは、

「正社員になって傷つくのはいやだ」

という答えでした。さらに聞くと、「正社員になると同期入社と比べられて、競争させられる。以前、その競争で傷ついた経験があるので、もう正社員はコリゴリ……」と言うのです。優劣を競わされ、負けて自分が傷つくのを回避したいのです。

「コンビニのアルバイトだったら、決まったことだけマニュアルどおりにしっかりやっていれば、だれからも怒られませんから」

と言います。

なぜ働きたくないのか、なぜ正社員になりたくないのか――その理由は「傷つきたくないから」。それが彼らの答えです。

彼らの言葉には、深くかかわって責任を負いたくないという思いが含まれています。深く関与して責任を負わされて傷つくまでがんばるよりは、無責任な状態のほうがいい。何か責任を負わされそうになったら、すぐに逃げられるポジションに身を置いておきたい。こうした気楽なポジションを望む姿勢は、潜在的にたいへん強くなっています。それがニートやフリーター問題につながっていると思われるのです。

本田由紀さんや内藤朝雄さん、後藤和智さんの『「ニート」って言うな！』（光文社新書）という本が話題になりました。その中にも書かれていますが、ニート問題は、企業側が安上がりな契約社員とかパート、アルバイトの雇用を増やしたために、正規雇用者になれる数が大幅に減ってしまったことが大きな原因となっています。若者の心の問題に原因を還元していくことはできないし、そうすることは、結果的にニート問題の社会的本質を隠ぺいすることにつながる面があります。これは重要な点ですが、〝ニート〟が流行語化し、働かない若者が大量に出現しつつあることに焦点が当たったために、かえって助かったと思っている若者がいることも確かでしょう。

恋ができない男の子

〝責任回避症候群〟ともいうべき最近の若者の特徴は、自ずと少子化問題へつながっていきます。まず、傷つきたくないから正社員になりたくない。そうすると年収が上がらない。年収が低いと結婚できない。だから晩婚化が進む。晩婚化が進むと子どもの数が減る。こうした相関関係があるのです。

こうした経済的な問題以前に、恋愛そのものも、若い男性の少なからずにとって、たいへん荷の重いことになっています。

先日、明治大学のある授業で、学生たちが、カップルになっている約三百名の男女を対象に「告白したのは男から？　それとも女の子から？」というアンケートを取りました。その結果、告白したのは、「女の子から」が六割以上という回答でした。以前に勤務していた千葉大学で行っても同じような傾向が見られました。

いま四十代前半の私たちの世代の男たちには、「惚れた女は口説かなければ男じゃない。相手に失礼だ」という思いがありました。いまどきの男の子たちにはそうしたこだわりはもはやありません。

前から好きだった女の子から告白されて晴れてカップルになったＮ君という男の子に聞きました。

「それなら君たちの役割って何なの？　君だって、この子いいなとか、この子はイマイチだなとか思うことはあるんでしょ」

そうしたら彼はこう言ったのです。

「そりゃあ、ぼくたちにだっていいなって思う子やイマイチだなって思う子はいますよ。だから合コンなんかで、この子ちょっといいなと思う子がいたら、その子のそばに座って、ある種の空気をかもし出すんですよ。『君だったら、コクッて（告白して）くれたら断らないよ～♥』っていう空気。そんな雰囲気をかもし出すんです」。

さらに彼に、なぜ自分から告白しないのかと聞くと、

「先生、でも怖くないですか？　好きな子に告白してふられたら傷つくじゃないですか。それってとても耐えがたいことですよねぇ」

と言います。その自然な話しぶりには、「男なら、たとえふられて玉砕しても、口説かなくては」というこだわりは、もはやみじんも感じられません。

さらに、アンケートを取ってみたところ、男子校出身者と女子校出身者の恋愛傾向は大きく違うことがわかりました。女子校出身者はブランド（出身校や容姿など）で相手を見る傾向がありますが、共学出身の女子学生はどちらかと言えば、人柄で相手を選ぶ傾向が強かったのです。男子学生はどうかというと、共学出身者でつき合っている彼女がいる人は三、四割ですが、男子校出身者のカップル率はなんとわずか一割でした。

さらに、男子校出身者の恋愛率は非常に低いうえに、つき合っていた女性は年上が多いことがわかりました。どうも同級生とか年下の女の子を口説けない傾向があるようです。男子校出身の学生は、とりわけ、異性とのコミュニケーション能力が低いようなのです。コミュニケーション能力に自信がなく、ふられると傷つくから、年上で自分をかわいがってくれる女性でないとつき合えない。そんな姿が浮き彫りになった結果でした。

イカす大人の男にはなれないかもしれない

ではなぜ、日本の男の子のコミュニケーション能力は低いのか。一つには、多くの母親が、男の子に家事手伝いをほとんどやらせていないことがあげられます。また、お母さん

やっぱ、この フィギュア イ・カ・すーっ
おいおい そんなんじゃ イ・カ・す男に なれねえぜ・・・

は男の子と向き合って話をすることも少ないようです。娘さんがいる家庭などでは、母親は同性の女の子のほうが話しやすいですから、なおさら男の子との会話が少なくなりやすいようです。そうした日常を過ごすなかで、男の子はリアルなコミュニケーションからだんだん遠ざかっていくのです。

男の子のコミュニケーション能力を磨くには、母親は男の子とこそ話をしていくことが必要なのではないかと思うのです。

私はよく、保護者を対象にした講演会をしますが、お母さん方にはよく「家庭の中でも、女性であることを捨てないでください」と申し上げます。そして、家事の手伝いを男の子にどんどんやらせること、恋人気分で男の子を中心に話しかけること。これを続けていないと、あなたの息子さんのコミュニケーション能力は低くなり、四十歳になっても結婚できなくなってしまいます。つまり、あなたは四十歳の息子さんを世話していくはめになるのです。それでは日本も救われませんと申し上げます。

また、コミュニケーション能力を身につけて日本の男の子の恋愛能力が高くなれば、離職率も下がり、フリーター、ニートも少なくなり、日本の経済力もアップするという流れになるのは確実です。いろいろな方とお会いしていて感じるのは、三十五歳以上の女性は何だか輝いていて美しく、それに対して男性はどうもパッとしないということです。これでは、女性が「いい男がいないから、結婚できない」と言うのもわかります。男の子たちの多くは、エネルギーがなくて傷つきやすく、女性との釣り合いが取れなくなってきているのです。

幼児期から見られるストレス耐性の乏しさ

傷つきやすさということにもつながってきますが、最近の子どもたちを見ていて感じるのは、プレッシャーに非常に弱いということです。とにかくいまの小・中学生は、プライドが高くて傷つきやすく、その結果、キレやすくなっています。

私はいま中学校のスクールカウンセラーをしていますが、受験期を迎えた中学三年生でも、ダラーッとして完全な逃避状態になっている生徒が目につきます。これからまさに受験に臨むという時期でもそんな感じなのです。なぜでしょうか。

考えられるのは、何といってもストレスやプレッシャーに弱いということです。ストレスやプレッシャーに耐えられなくて、逃避することしかできないのです。こうした傾向はどのくらいの年齢から始まるのかというと、幼稚園からすでに見られます。

先日も幼稚園の先生に「最近の子どもたちは何がいちばん変わりましたか」と聞いたところ、ストレス耐性がなくなったというお話でした。

例えば子どもをしかっていると、十五年前の子どもたちは、先生の言葉を直立して聞いていましたが、いまの子どもたち、とくに男の子たちは厳しくしかると、真っ直ぐに立っていることすらできなくて、ふにゃふにゃと軟体動物のような状態になってしまうと言います。先生の言うことを緊張してまともに聞くことができないのです。

先生に反抗しているわけではなくて、ただ、何だかもうきちんと聞くということができないのです。緊張に耐えられなくて、突然一気に泣き出したりパニック状態になったり、暴れ出したりするそうです。

ストレス耐性というものが、これほどまでになくなっているのは、たいへんまずいことだと私は思います。

キャリア教育で育てる「７つの力」

キャリア教育で伸ばしたい能力については文部科学省でも四つあげていますが、ここでは私なりのとらえ方で、「キャリア教育で大切に育みたい７つの力」をあげてみたいと思います。これをベースに展開していけば、小学校でのキャリア教育も決して困難な取り組みではなくなるはずです。

❶ 出会いに生き方を学ぶ力

私は、人が自分のキャリアを形成していくうえでいちばん大きな影響を与えるのは、魅力的な他者との〝出会い〟によるところが大きいと思っています。すばらしい魅力をもつ人に実際に出会い、「ああ、こんな人になりたいなあ」「この人の生き方はすばらしいなあ」と心を躍らせる体験をすることで、キャリア形成の意識が固まってくるのです。

あなた自身はどうだったでしょうか。どうして教師になりたいと思われたのでしょうか。私が教育学部に勤務していたころ、学生たちに「自分の人生に大きな影響を与えた人」というテーマを与え、グループで語り合わせたことがあります。すると教育学部に進学してきた者、とくに教職を本気でめざしている学生であるほど、小学校、中学校、高校生のときの教師との出会いに心を動かされた体験が大きかったのです。

このように実際に心が動く出会いをすることで、自分がどんな生き方をしたいのか、どんな職業につきたいのかが明確になってくることが多いのです。

この力を育てるのが「出会いの場セッティングモデル」によるキャリア教育です。ゲストティーチャーを招いて語ってもらうのもよし、魅力的な人に学校に来てもらって、子どもたちにインタビューをさせるのもよし。子どもたちを外に出向かせてさまざまな職業の人にインタビューをさせるのもよし。高校生ぐらいになれば、修学旅行のときなどに自分があこがれている人物に会いにいってインタビューさせるのもよいでしょう。

直接、出会えるにこしたことはないのですが、間接的にふれることでも人は影響を受け

プオ〜〜ン
うちの子
大きくなったら
虚無僧に
なるって…
…

ます。

例えば道徳の授業で、多くの偉人や有名人の生き方に、道徳資料（読み物資料）や「道徳ドキュメント」（ＮＨＫ教育）などの映像を使ってふれさせるのです。

歴史に名前が残るような人でなくても、例えばある製品の開発にひたすら取り組み、さまざまな困難を乗りこえて開発に成功した人の人生を「プロジェクトＸ」（ＮＨＫ総合）などのドキュメント番組を使って紹介するのもいいでしょう。スポーツ選手や学者などの特別な人だけが艱難辛苦を乗り越えるもの、自分の人生のモデルになると思っていた子どもが、サラリーマンになって一つの製品の開発に取り組むことにもたいへんなドラマがあるということに気づくのです。

こうして、直接・間接に出会いの場をセッティングすることで、「出会いに生き方を学ぶ力」が育まれます。

「出会いに生き方を学ぶ力」の背景にあるのは、「一期一会の心のこもったふれあいが、人の生き方を大きく変える力をもっている」という構成的グループエンカウンターの発想であり、実存主義です。

そしてこの発想を生かしたキャリア理論が、アメリカのカウンセリング心理学の大御所クランボルツ氏が唱えているプランド・ハップンスタンス・セオリー（Planned Happenstance Theory）です。これは、キャリアデザインを意識しすぎる弊害を戒めて、偶然の出会いや運命に開かれた柔軟な生き方のできる人間を育んでいこうとする発想なのです。

また偶然の出会いを重視する点では、ユング心理学やプロセス志向心理学でいう共時性、つまり意味のある偶然の一致の思想にも通じるところがあります。

② 夢見る力

小学校段階でのキャリア教育では、「この職業につきたい」ということを具体的に意識させるよりも、夢見る力のほうがはるかに大切だと思います。最近は世の中全体が現実的になりすぎて、子どもが夢を語っても、大人たちがそんなことは無理だとか、こんなふうになりなさいと決めつけてしまいがちです。

しかし、自由に人生を夢見る心地よい体験を重ねていくことは、子どものキャリア形成において非常に重要なことなのです。キャリア教育は自らの人生の物語を紡いでいく作業にほかならないからです。

さまざまなイメージや言葉によって紡がれた自分についての物語、自分はどんなふうに歩んできたのだろうか、自分はどんな人生を歩んでいくのだろうという物語の総体こそが「自己」にほかなりません。完璧な物語でなくていいし、断片的な物語でもかまいません。夢見る力があれば、将来に向かって進んでいくことができるのです。

勉強もせずにアニメを見たり冒険物語を読みふけったりすることも、大人の目には現実逃避のように映るかもしれません。しかし、そうした制約を受けない時間の中で、子どもたちは夢見る力を育んでいくのです。子どもたちはこうした夢見る体験を通じて、正義の味方になりたいとか、注目を集める人になりたいとか、困っている人を助けてあげたいとか、自分の価値観に合った夢を見ているのです。

そのとき大人はいい悪いの評価をするのではなく、子どもたちの夢見る体験を共有してほしいと思います。これからの時代には、与えられた課題を遂行する力（例：指示どおりに製品を作る）以上に、新しい課題を発見し、仕事を作り出していける能力が求められます。子ども時代の夢見る体験が、実はそうした将来の能力の種になるのです。

夢見る力は、頭でっかちにならずに、ぼーっとしながら一つのことに没頭したり、空想の世界に遊ぶことです。ユング心理学やミンデルのプロセス指向心理学が理論的背景となります。

カウンセリング界の大物、ユングもロジャーズも、子ども時代、いつも夢見てばかりの、空想好きな子どもだったようです。頭で現実的に考えるよりも、イメージやファンタジーの力を大事にするのです。とくに小学校段階では、われを忘れて何かに熱中して取り組む経験は貴重です。夢想する力は、人が何かにひたむきに取り組むときの活力を与えるのです。

3 自分を見つめ、選択する力

キャリア教育で育みたい力の三番目が、「自分を見つめ、選択する力」です。

小学校段階では、「こんなふうになりたいな」とぼーっと夢を見ていればいいのですが、中学校や高校になると、自分の将来について内省し、選択する力が問われます。具体的には、自分の価値観を意識させる、キャリアアンカーを自覚させる、十年後、二十年後にどんな人生を生きたいか将来設計図を書かせる、実際に自分の夢を実現させるにはどんな学校に行けばいいのかを考えさせて選択させるなどです。

そこには、「自分の人生の主人公は自分である」「俺には俺の生き方がある」という、実存主義的な発想が背景にあります。前述の２「夢見る力」と合わせて、この３「自分を見つめ、選択する力」を、「内省による夢づくり（自分づくり）モデル」のキャリア教育によって育むのです。

４ コミュニケーション能力～人とかかわる力～

文部科学省があげたキャリア教育でめざす四つの能力の中にも人間関係形成能力が含まれています。「人とかかわる力」はぜひ意識して育てていきたい能力です。

とくに、キャリア教育の時間でぜひやってもらいたいのは、見知らぬ人に自分から話しかける練習です。尻込みせずに自分から初対面の人にかかわっていき、会話をしたり必要な情報について質問するなど、コミュニケーションを通じて積極的に人間関係を築いていくことは、将来にわたって求められる能力です。

メール✉送信
好きなんだけど‥(♡♡)
♥♥♥♥♥♥
メール✉受信
うれしい…
(^_^)
♥♥♥♥♥♥

この力を培うための第一歩として、あまり話をしたことのない友達との関係づくり、あるいはグループ活動や係活動から始めるといいでしょう。友達→グループ→見知らぬ大人といったように、だんだんその範囲を広げていくのがポイントです。活動を通じて得られた情報によって、いろいろなものの見方や社会の姿を知っていくことにもなります。

仕事は見知らぬ人々が協力し合って課題を成し遂げるものです。その際に人とかかわる力は不可欠なファクターとなるのです。

コミュニケーション能力アップの理論的背景には、構成的グループエンカウンターの理論、リレーションシップ理論、ソーシャルスキルの理論があります。いろいろなグループアプローチが実践に役立ちます。構成的グループエンカウンター、ソーシャルスキルトレーニング、グループワークトレーニング、ピアサポート、アサーショントレーニングなどです。

5 達成する力

いまの子どもたちを見ていると、先を読んで計算し、どんな結果が得られるかというこ

ビュ――ッ
世界初だって
言ったじゃねえかーっ!!
やったーっ!!
達成だーっ!!
ビュゥ――ッ!

とばかりを気にしています。何か一つのことに無我夢中で取り組む力が低下しているように私には感じられます。

ただ単に、面白いから、何だかうれしいからという動機で、われを忘れて取り組んで、それによって何かを成し遂げる感覚を味わうことは、子どもたちの自信につながり自己肯定感を生み出します。そのための仕掛けとして、少しスケールの大きい課題を与えて、自分なりにそれを達成する喜びを経験させるのはいい方法です。

一つの物事にねばり強く取り組み成し遂げるという経験は、仕事をする喜びにもつながっていきます。ぜひ、総合的な学習の時間や図画工作の時間、あるいは夏休みなどを利用して、ものを創造するような課題を出してみてください。

アドラー心理学が言うように、多くの子どもが協力して、一つの仕事に無我夢中で取り組むことが自信につながります。共同体感覚が養われますし、自己貢献感、自分も集団の目的達成に役に立つ人間だ、自分も役に立てる存在なんだという感覚を味わうことが、自己肯定感の育成につながっていくのです。

6 七転び八起きの力

これは、ストレスフルな状況にあっても、強い自己肯定感を支えに困難をはねのける力のことです。深い自己肯定感があれば、多少の傷つき体験や失敗、挫折、競争での負けがあっても、根本のところで「自分はがんばれる子なんだ」「自分は価値のある子なんだ」と自分をとらえ、ねばり強く前を向いてがんばることができます。

こうした精神を培うためには、何度も挫折せざるをえないような状況や仕掛けをあらかじめ作っておくことが必要になります。挫折感を味わいながらもその子なりに挑戦し、少しずつ成功体験を積んで達成感を得られるように組み立てていきます。その際には教師が一人一人の状態をよく見ること、いまこの子が成し遂げようとしているのはどういうことなのか、いまチャレンジしようとしているのは何なのかということを、きちんとアセスメントしてあげることが大切です。

注意したいのは、いきなり谷底に突き落とされるような経験をしてしまうと、一気にやる気をなくしてしまう子どもが多いということです。子どもが耐えられないほどの挫折感は与えないように気を配ることが必要です。大人の理想を押しつけるのではなく、加える

見ろよっ
五体投地だっ
チベット
密教の
荒行だよ
七転び八起き
どころじゃないな…

負荷は少しずつ強くしていくことを心がけてください。

七転び八起きの力はストレスマネジメント教育によっても育まれていきます。ストレス対処能力をアップさせることが課題になります。

以上、4のコミュニケーション能力、5の達成する力、6の七転び八起きの力を自覚的に育んでいくのが、「基礎的な能力育成モデル」のキャリア教育です。

7 社会や人に貢献することに喜びを感じる力

最後の七番目の力が「社会や人に貢献することに喜びを感じる力」です。仕事とは読んで字のごとく、事に仕えることです。あるいは天職という言葉がありますが、これは天から与えられた成すべきことに無我夢中で取り組み仕えていくという意味があります。

どんな仕事でも、他人や社会に奉仕していくという部分は同じです。個人にとっての仕事はもちろん、企業の場合でも、企業理念の中に社会や自然に貢献するための具体的なビジョンを示すことができなければ、人々の支持は得られません。自分の使命をはっきりと自覚しないことには、先に進むことはできないのです。いい商品やサービスを提供し、人に喜んでもらうということが仕事の原点であり、働く人々の原動力になるのです。

このような仕事のあり方を理解するには、まず人の役に立つという体験を通して、自分自身も充実感を味わうことが第一です。子どもたちが学級や学校、家庭の中で自分の役割を遂行することで、自分は必要とされているんだという感覚を養うと同時に、「人に喜んでもらうのは、こんなにも気持ちのいいことなのだ」と実感できる機会をつくってほしいと思います。

これを育てるのが「疑似体験モデル」のキャリア教育です。

例えば、職場体験学習で保育園に行き、自分が心を砕いて子どもたちにかかわると、子どもたちがほんとうにいい顔をし、そのことに自分も喜びを感じる体験を得ます。つまり、人に喜んでもらうことで自分の心も喜ぶという体験をもつことが、キャリア形成の基本的な心構えだと私は思うのです。

他者の喜びが自分の喜びを生み、自分の喜びが他者の喜びを生む、つまり、喜びが喜びを生むのです。これが、キャリアづくりがうまくいく「幸福な心の循環サイクル」です。

そして実際に擬似的に職業を体験させることによってしか、これは育てることができない

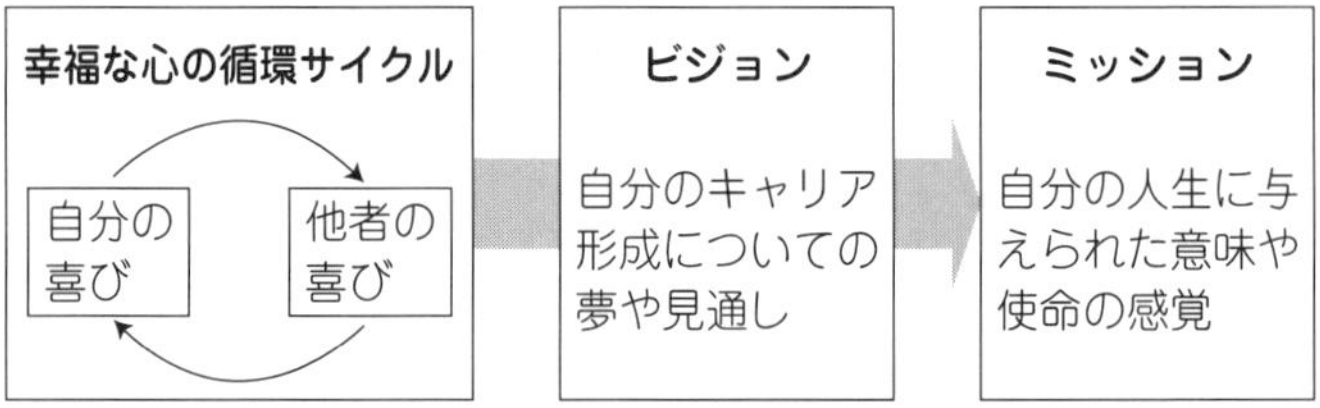

キャリア形成の基本的な心がまえ

のです。

また、それを通して自分のキャリア形成についての全体的なビジョン、つまり夢や見通しをもつことができます。ひいてはミッション、自分の人生に与えられた意味や使命の感覚（この仕事に取り組むために自分の命は与えられたのだという感覚）にまでつながっていくのです。

フランクル心理学では、「自分を必要としてくれるだれかがいて、自分を必要としてくれる何かがある。そしてそのだれかや何かのために、自分にもできることがある」という人生の意味の感覚を強調します。フランクルの生きる意味の心理学、実存分析がこの力の理論的背景となります。

さらには、「自分の人生全体に、何らかの隠された意味や使命が潜んでいる」という考えは、トランスパーソナル心理学や、ジェームズ・ヒルマンの元型心理学につながります。自分の人生には、目には見えないミッションが与えられている。自分の命がこの世におりてきたことには理由があり、私たち一人一人の人生にはそれぞれ独自の使命が与えられていると考えるのです。

従来のキャリア教育の壁を越えるために

頭でっかちにならない

大学の就職課では大学三年生に対して、就職活動で企業にアピールすべき自分を見つけるために、自己分析をさせるのが定番になっています。しかし、自分のいいところを書きなさいと言われても、ぜんぜん書くことができない学生は少なくありません。書けずに「もうダメだぁ」とばかりに落ち込んでいって、ますます自分で自分を追い込んでいってしまう。これは学生に自信を失わせる典型例です。

実は、こうした自信喪失につながるキャリア教育が、高校でも中学校でもたくさん行われています。なぜ自分自身を追い込んでしまうのかというと、「自分って何？」と頭で考えすぎるからです。「自分のよさ」などは、何かをやっているときに思いがけず気づくものです。自分のよさを自分が知っていると考えるのは思い込みにすぎません。

では、どうすればいいのでしょう。まず言えるのは頭でっかちにならないことです。キャリア教育で何がいちばん有効なのかというと、考えることより動くこと。人とかかわってみることです。大学でのキャリア教育でいうと、自己分析によって学生を追い詰めるより、インターンシップ制度で外に解き放っていくほうが、はるかに有効なのです。これは実際に企業に入り、仕事をしてお給料をもらうという制度です。お給料をもらうからには社員と同じですから、単なるお手伝いではなく、本気で臨まなければなりません。そうして取り組むうちに自分の思わぬ才能に気づいたり、思わぬ才能が花開くこともあるのです。その結果「自分にはこんな才能があるんだ。面白い！」と思ったりするのです。

インターンの経験を通じて、自分には向いていないと思っていた仕事が、実は適職だったと気づく学生はずいぶんいます。教職にしても同様で、教育実習に行ってはじめて教師になりたいと思い始める学生は少なくありません。

あまり頭でっかちにならずに、とりあえずできることに取り組んでみればいいのです。キャリアを意識しすぎることは、かえって子どもたちを動けなくし、キャリア形成に対する不安をかき立てることにもなります。

運動して、運を動かすぞっ！
運

やり方を間違えると、自信を喪失させてしまいます。「自分の長所はわかりません・見あたりません」と書くしかないとなれば、尻込みしてしまうことになりかねません。キャリアカウンセリングの基本は、自分の適性を理解し、それに合った職業観を磨いて、これをマッチングさせることであると言われます。けれど、自らの理解を促し、キャリアデザインをつくらせていく働きかけがプレッシャーになり、子どもたちが自信を失って、かえって動けなくなってしまうことの弊害については十分に考えなければいけません。「頭で考えるより体を動かせ」。まずはこの姿勢で臨みたいものです。

オープンマインドであること

次に紹介するのは中堅出版社に勤め、ヒット作を連発して大活躍しているある三十代男性の話です。

「大学四年生のとき、何か仕事につかなければと思ったものの、そのあと仕事が決まらなかったので、結局、卒業後、二年間塾の講師をしていました。そのころの私は、まだマスコミや出版関係で働こうと思っていたわけではありません。でもちゃんとした仕事につかないと経済的にも困るので、どうせ仕事につくのなら、できるかぎり自分の夢に近いところがいいなとは思っていました。

当時の私には、本を書きたい、できれば郷土の雑誌をつくりたいという二つの夢がありました。それは自分にとって大事な夢でした。それならば編集職につけば夢に近づくことができるだろうとアドバイスをもらったこともあり、目標を編集職に定めて勤め先を探したところ、いま勤めている出版社に行き当たったのです。

最初の夢であった郷土の雑誌づくりにかかわっているわけではありません。けれども、とりあえず編集の仕事につけたのだから、と思い、目の前にある与えられた仕事に一生懸命取り組んでいくうちに、いまの仕事が楽しくて仕方なくなりました。

郷土の雑誌づくり、という夢をあきらめたわけではありません。しかし、いまの仕事はいまの仕事で、就職した当初は思いもよらなかったほど、充実しているのです」

いかがでしょう。成功した多くのキャリア形成は、おおかたこのような仕方でなされていくのではないでしょうか。この男性の場合、具体的なキャリアデザインをあらかじめ立てていたわけではありません。何となく自分の夢を実現できればいいなと考えながら、夢

あっ!!
ヒューッ

見心地の中でだんだんなりたい自分に近づいていきました。

自分には編集能力があるとか、文章を書くのがうまいとかいった意識はなく、ただ何となく本をつくってみたいという夢があっただけです。たまたまその夢を実現できそうな仕事を大学の指導教官から助言されたので、とりあえず編集者になったというわけです。

いま彼は、おもにカウンセリングの技法を学校教育に生かすシリーズを手がけています。しかし大学生のときに、自分が将来教師向けのカウンセリングの本をつくるなどとは少しも考えていませんでした。仕事をしている中で、たまたまそのような書籍をつくることになったのですが、ひたすらその仕事に取り組んでいくうちに、たいへん充実した気持ちで取り組める仕事になっていったというエピソードです。

この彼が、もしも凝り固まったキャリア意識で「俺は心理学を専攻し、将来は研究者にはならずに心理学の本を執筆するのだ」と決めつけていたとしたらどうだったでしょうか。自分で本を書き、出版社に持ち込んではボツになりということを繰り返し、経済的に立ちいかない生活をしていたかもしれません。少し頭を空っぽにして、たまたまかけられた声に「乗ってもいいのかもしれないなぁ」と、縛られないオープンマインドで臨んだ結果がいまの姿につながっているのです。

こんなふうに、固く考えすぎずに周囲の声に耳を傾け、「やってもいいかもしれない」と感じたならば、とりあえず履歴書でも出してみようと行動に移せる力、こうした〝一歩踏み出してみる力〟が、実際のキャリア形成では非常に大切なのです。

しなやかな人生観としぶといキャリア教育

さきの例は、実際のキャリア形成においては、あらかじめ思い描いたキャリアデザインに固執しすぎることなく、自分の人生を後押しするようなラッキーな要素をうまく手に入れながら、とにかく動いてみることが非常に重要であることを示しています。偶然の出来事や出会いに対して、開かれた態度をもつことの大切さを軽視してはいけません。人生、何が幸いするかわからないのです。

直線的に〝少しでも偏差値のいい学校に行かせれば、少しでも幸福な人生が待っている〟式の固い頭でキャリア教育をしてはダメです。負けて元を取る、くらいの精神でいることが大切ではないかと思います。

人生は偶然的な要素に満ち満ちています。時には負けて元を取るということだってありえます。

何がほんとうに幸いするかはわからないのが人生。そんなことも、心の片隅に入れておいてほしいと思います。

第2章

小学校キャリア教育の進め方

キャリア教育を実践するためのアイデア

七つの力を育てるために、一章で私はキャリア教育の四つのモデルを提案しました。

一つ目は、こんな人になりたいなあ、こんな仕事をしてみたいなあと影響を受けるような人物との出会いの場を設定する「出会いの場セッティングモデル」です。

二つ目は、自分はどんな仕事につきたいのか、どんな価値観をもっているのか、自問自答することで明確にしていく「内省による夢づくり（自分づくり）モデル」です。

三つ目は、コミュニケーション能力、課題達成能力、七転び八起きの力という、どんな仕事につこうとも必要とされるであろう、基礎的な能力を育成していく「キャリア形成の基礎的な能力の育成モデル」です。

四つ目は、仕事に取り組むとはどういうことなのか、自分が何に向いていて何にワクワクするのかを知るために実際に体を動かしてみる「キャリア疑似体験モデル」です。

本章では、この四つのモデルを小学校で実践するための、全部で九つの授業タイプを紹介します。

各授業タイプには、さらにいくつものネタがあり、全部で二十一個の「授業ネタ」を紹介します。これらを活用し、子どもたちに合ったキャリア教育の授業を工夫していただきたいと思います。

出会いの場セッティングモデル………授業タイプ1「インタビュー」
・出会いに生き方を学ぶ力　授業タイプ2「キャリアモデルとのふれあい」
　授業タイプ3「中学生とのふれあい」
内省による夢づくり(自分づくり)モデル……授業タイプ4「模擬的なキャリア設計」
・夢見る力　授業タイプ5「自分の過去現在未来を見つめる」
・自分を見つめ、選択する力
基礎的な能力育成モデル…………授業タイプ6「いのちを感じる」
・コミュニケーション能力　授業タイプ7「友達とのふれあいと協力」
・達成する力　授業タイプ8「集団の中での役割遂行」
・七転び八起きの力
キャリア疑似体験モデル…………授業タイプ9「模擬職業体験」
・社会や人に貢献することに喜びを感じる力

出会いの場セッティングモデル

授業タイプ1　インタビュー

キャリア教育の授業や全体カリキュラムをつくる際、ゼロから実践をつくり出す必要はありません。これまでにも多くの魅力的な実践が開発されていますから、それを参考にすればいいのです。

これから、私がかかわったり見聞きした、これぞキャリア教育という実践を、９タイプと21個のネタに分類してご紹介したいと思います。これらのよさを味わい、実践づくりに活用してください。

まず、代表的なキャリア教育の授業タイプとして、インタビューを紹介します。

インタビューを生かしたキャリア教育

子どもたちが積極的に学校外の世界に出ていき、現実の社会との接点をもって、さまざまな大人とふれあう。そのふれあいを通してキャリア意識を高めていくことは、キャリア教育の基本パターンの一つであり、出会いに生き方を学ぶ力を育てます。

その代表的な取り組みとして、インタビューを取り入れた授業をあげることができます。インタビューする対象やシチュエーションによってパターンはいくつかありますが、いずれも、文部科学省の提唱する四つの能力領域にまんべんなく効果が期待できるという点では共通しています。とくに人に話を聞く際のコミュニケーションスキルやマナーの修得を含めたソーシャルスキル獲得の絶好の機会ととらえることもできるのです。

インタビューの効果を文部科学省の四つの能力領域に当てはめてみます。

まず、インタビューをするためには、だれに・何について・なぜインタビューするのかを決める必要があり、子どもたち一人一人にとって「意思決定能力」が求められます。

次に、インタビューを実際にするときには、人間関係を結ぶうえでの基本事項として、あいさつと自己紹介、インタビューの目的と趣旨説明などを相手に示すことが必要です。そこで「人間関係形成能力」を高められることが期待できます。

さらにインタビューの最中には、どうすれば相手にわかりやすく質問することができるのか、相手はどのようなことを話しているのか、相手の発言をどのように確認すればスムーズに進むのかなどを考えて工夫しなければなりません。これはコミュニケーションスキルの基礎にあたります。そしてインタビューを受けてくれたことへの感謝の気持ちを言葉として述べることを、実践を通じて身につけていくことができるのです。

事前にインタビュー対象者について関連する事項を調べ、どんなことについてどのように聞いていくのかを組み立てます。インタビュー後には、聞いた事柄を整理してまとめ、効果的なプレゼンテーションの方法を考えます。これらを通して「情報活用能力」を養うことになります。

さらには、自分の興味関心をもとにキャリアモデルを獲得することで、みずからの将来像を描く助けとすることができます。つまり「将来設計能力」を養うきっかけとなるのです。

インタビューの活動パターン

パターン1「一対一でインタビュー」

子ども自身がどんな人にインタビューするのかを決め、対象を見つけ出して、一対一でインタビューするものです。一人で相手先に出向いて、インタビューするという経験は、子どもにとっては、ドキドキ感があって有意味な成長につながります。

パターン2「みんなで一つの職場に行ってインタビュー」

グループやクラス単位で一つの職場・現場に行きインタビューします。一対一のインタビューに比べ、こちらのほうが容易に導入できます。またこのパターンでもあいさつやお礼などのマナーが身につきます。

パターン3「いろいろな人に来てもらってインタビュー」

さまざまな職業の人にゲストティーチャーとして来校してもらい、四～五人のグループ単位でインタビューをするものです。

茅ヶ崎市立緑が浜小学校の実践では、地域の人の協力を得て、システムエンジニア、美容師、漁師、プロサーファーなど多種多彩な職業人が来校する、イベント性のある実践となっています。

ネタ1　働いている人にインタビュー

・地域で働く大人への直接インタビューを通じて、キャリアモデルを身近に感じ取り、職業に対する意識を高める。
・漠然とした将来の夢に現実感をもたせ、将来設計能力を伸ばすことができる。

働いている人にインタビューする場合、学校にゲストティーチャーを迎える形式もありますが、それはテレビを見ているのと似た感覚です。みずから地域に出向き、見知らぬ大人に自分からお願いをしてインタビューさせてもらうことは、集団インタビューにはない勇気のいる行為です。さらに職業現場の空気を直に感じ取ることで、インパクトのある実践となるのです。

商店街の精肉店に赴き、毎日どんな思いを込めてコロッケを作っているのか、働く姿と合わせて聞くだけでも、子どもたちには非常に心に残る刺激的な体験となります。生身の人間との直接的なふれあいは、小学校のキャリア教育においては、たいへん効果的です。

実践　「十二歳のハローワーク」小学校六年・総合的な学習・全十三時間

愛知県犬山市立犬山南小学校の林本幸雄先生と大藪正恭先生による実践を紹介します。

同校の六年生は、総合的な学習の年間テーマに「未来創造」を掲げて取り組みました。その後半の「わたしたちはどこに行くのか」という取り組みの一つが、地域密着型のインタビューを柱とした、この「十二歳のハローワーク」という単元です。

単元計画

①将来なりたい職業は？　……一時間
②ハローワーク作りの計画を立てよう……二時間　※指導案は一時間目
③職業人にインタビュー……四時間
④原稿を作ろう……四時間
⑤発表をしよう……二時間

これは、子どもによるハローワーク作りとして、地域の事業所に行ってインタビューして、その内容をまとめて発表することで、調べた仕事をみんなに紹介するものです。

このような一対一のインタビューでは、事前の準備がポイントになります。授業「②ハローワーク作りの計画を立てよう」では、いったん家族にインタビューした経験をもとにして、TTの先生を職業人（学習塾経営者）に見立ててみんなで質問項目を考え、接し方を意識しながらインタビュー練習をして、実際のインタビュー計画を立てていきました。

ハローワーク作りの計画を立てよう

〔目標〕友達の発表を聞いて、ハローワーク作りの計画を立てられる。

導入	これまでに行ってきた，将来なりたい職業を考える活動・身近な人への調査活動を振り返る。また友達の発表を聞いて参考とする。
展開	1．グループ内で，各自が取り組んだインタビュー内容に関する調査について発表する。 2．インタビュー練習を前に，インタビューする内容を考えグループで話し合う。 3．教師を相手にインタビューの練習を行う。教師からインタビューに関するアドバイスをもらう。 4．グループごとにインタビュー対象や内容などについて，具体的な計画を立てる。
終末	この時間の取り組みについて振り返り，ワークシートを作成し発表する。

ネタ2　地域調べを主としたインタビュー

・自分が住む町について調べ、地域の中に出かけていき、さまざまな職種の働く人の姿に接することを通じ、多種多様な職業があることを知る。

住んでいるとはいっても、その中の限られた空間にしかなじみのない子どもたちにとって、地域の中に出て調査する経験は新しい発見に満ちています。
自分の生活空間としての地域を体感し、そこで働く大人たちとの出会いを通じて、いろいろな職業の人が自分たちの日常を支えていることを知ることができます。それが職業観や他者に感謝する気持ち、地域の一員としての自覚を育てることにつながっていくのです。

実践　「ぼうけん発見まちたんけん」小学校三年・社会科二八時間ほか

千葉市の打瀬小学校三年生社会科では、一、二年生の生活科「まちたんけん」の延長線上に地域調べを行っています。とくにインタビューの成果を深める仕掛けとして、地域調べの結果を市内他校の子どもたちと紹介し合う発表会を開くという工夫がされています。

情報活用能力としては、地域について調べ、地域の人々との交流を通じて、広い視野で地域をとらえることができるようになります。人間関係形成能力としては、地域の人々との交流、他校の子どもとの交流によって、コミュニケーションスキル、プレゼンテーションスキルを磨くことができます。

地域調べの全体像～単元名と目標～

一・二年	まちたんけん（生活ほか） ・身近で働く人の様子を知り興味関心をもつ。 ・グループのみんなと協力して学習を進める。
三・四年	**ぼうけん発見まちたんけん**（社会28時間） ・働く人の様子を観察し，多様な職業があることを知る。 ・自分の生活を支えている周りの人に感謝する。 ・自分の考えをわかりやすく表し，伝える。 **お手紙を出そう**（国語２時間） ・交流する学校の子どもたちに招待状を送ろう。 ・気づいた違いをもとにお礼の手紙を書く。 **みんなに支えられている私**（道徳１時間） ・心のノートp46-47で感謝や礼儀について考える。
五・六年	農山村留学（関連事業） ・体験活動を通して，その子なりの職業観・勤労観をもつ。

出会いの場セッティングモデル

授業タイプ2　キャリアモデルとのふれあい

キャリアモデルとは、自分の職業生活や人生のお手本になる人のことです。モデルを知ることで、夢が広がり、働く喜びやむずかしさを味わうことができます。またその夢を実現するための方法や努力の大切さを知り、自分がこれから生きていく目標ができます。本物の迫力にふれることで、意志決定能力と将来決定力が育まれるのです。

ネタ3　夢を実現させたモデルを知る

・ねばり強く夢を実現した有名人の子ども時代の生き方にふれ、それをヒントに、どうすれば自分の夢を実現することができるのかを考える。

夢を単なる夢で終わらせないようにするにはどうすればいいのかを考えるために、生き方のモデルとして有名人を登場させる「人生モデル型」の授業です。有名人の子ども時代のエピソードや写真、テレビ番組などのビジュアル資料を効果的に用い、多角的に人物像を紹介していきます。そしてその人はどうして夢をかなえられたのかを十分に考え、そこから自分自身の夢に目を転じ、夢の実現方法を発表し合います。

夢をもっていてもそれが継続性のない思いつきであったり、毎日の生活が夢の実現とどう結びつくのかがわからなかった子どもたちが、自分の可能性に目を向け、夢をあきらめず、目標に向かって日々努力しようというきっかけづくりになる授業です。

実践　「夢を夢で終わらせないために」小学校三年・道徳一時間＋特活二時間

愛知県犬山市立犬山南小学校の鈴木圭子先生の実践を紹介します。生き方のモデルとして松井秀喜選手を取り上げ、道徳の授業らしく、彼のこれまでの人生に光をあてます。

しかし、初めは名前をふせたまま、子どものころはスポーツがあまり得意ではないけれど野球は好きだったこと、甘えん坊だったことなどを、ビデオなどの教材で知らせます。

そして授業の後半になって松井選手であることを明かすという仕掛けを作っています。

夢を夢で終わらせないために（道徳）

〔目標〕日常の生活や学習が，自分の将来の生き方につながっていることに気づき，目標をもって夢に向かい，努力しようとする心を育てる。

導入	・お互いの好きなことや夢を伝え合うミニエクササイズを行う。
展開	1　松井秀喜選手の子ども時代を，名前はふせてエピソードや写真で紹介していく。その際に，自分と比べてどんな印象を受けるかということを意識させる。そこから見えてきた人物像を発表し合う。 2　テレビ番組を流し，その有名人が松井秀喜選手であることを明かす。松井選手について知らない子どものために人物説明を補足する。 3　松井選手は子ども時代からの夢をどうやって実現させたのかを考える。松井選手の日常生活が夢の実現に密接に結びついていたことを感じ取ってもらう。 4　自分自身を振り返り，夢をかなえるにはどうすればいいのかを考え発表する。さまざまな夢とそれに対する考え方があることを理解する。
終末	・子ども時代の夢を実現したいまもなお，将来の夢をもち，それに向かって努力している生き様を紹介する。

この授業では、将来設計能力を、日常の生活が自分の将来の生き方につながっているこ

とに気づかせることで高めます。自分の夢に向かって、あきらきめずに努力しようとする前向きな気持ちを育てることで、意思決定能力を高めています。

ネタ４　達人との出会い

・歴史上の人物や実在するプロフェッショナルを題材にして、子どもたちが自分の生き方を考えるうえで刺激になる人物の生き方を学ぶ。
・実際にゲストティーチャーとして来校してもらい、直接、質問する機会を設ける。

さまざまな分野で活躍した・している人たちの生き方考え方にふれ、学び取っていく機会を設けることは、とくに高学年の子どもにとっては、次のステップである中学への移行期に、自分の将来について考えるために非常に効果的です。なぜなら、成長の節目節目で自分の生き方に正面から向き合い、その中で将来の夢をどう実現させていきたいのかを自覚することは、キャリア教育の主要テーマだからです。取り上げる人物は、最も身近な両親・祖父母から小説家、企業家、平和活動家、スポーツ選手など多岐にわたり、間接的な調べ学習、直接的なゲストティーチャーからの学びなど、多様な展開が可能です。

実践　「達人との出会いから学び取ろう」小学校六年・総合十三時間中の三時間

東京都港区立白金小学校の平林和枝先生の実践を紹介します。本実践は、「Jump to the Future ～未来に向かって～」という年間テーマにそって、道徳、総合的時間、教科（国語・音楽・保健体育）、移動教室を連動して構成されたユニットのうち、総合的な学習の時間で実践された単元「先輩から多くのことを学び取ろう！」（十三時間）の中の一つです。

元プロ野球選手を学校に招いて直接的にふれあい、自分の将来の生き方を考えています。

単元計画

①先輩の生き方に学ぼう（伝記などで興味ある人物の生き方を調べる）……三時間
②身近な人の生き方に学ぶ（尊敬する身近な人物に取材をする）……三時間
③達人との出会いから学び取ろう（ゲストを招待し学ぶ）…三時間　※指導案
④先輩から学んだことをまとめ、発表しよう（将来や生き方を考える）……四時間

夢達人との出会いから学び取ろう（総合）

〔目標〕達人のもつすばらしさを，直接会って話を聞いたり，見たり，疑似体験したりすることによって実感する。

出会いの計画・一時間	1　授業に迎える達人はどのような人物なのかプロフィールを紹介する。 2　実際に会ってどんなことを質問したいのか，どんな技を見たいのか，達人のどんな技術を体験してみたいのか，達人と自分とのかかわりのもち方を考え，学習の計画を立てる。
出会いと直接体験・二時間	1　前時に考えたかかわりのもち方を念頭に置き，質問しながら達人の話を聴く。偉業を達成するための努力や意思の強さを感じ取ってもらう。 2　校庭に場所を移し，プロ時代のウォーミングアップ法を一緒に体験したり，実際に使っていた道具に触れてみたりする。素振りやバッティング，遠投，ピッチングなどについても披露してもらい，子どもも体験してみる。 3　活動を振り返り，驚いたことや感心したこと，うれしかったこと，これからの役に立ちそうなことを発表する。直接的なふれあいを通じて感動し，影響を受けたことによって，自分がどのように変化したのかを感じ取ってもらう。

（三村隆男『図解　はじめる小学校キャリア教育』実業之日本社　104～111Pより）

出会いの場セッティングモデル

授業タイプ3　中学生とのふれあい

中学校生活に不安や期待を抱き始める高学年、とくに六年生の子どもたちに、身近な未来である中学生時代に自分がどうありたいか、何に取り組みたいか、具体的に考えさせていきます。

ネタ5　中学生とのふれあい

・先輩とのふれあいを通して中学校生活をイメージし、六年間の小学校生活をまとめて中学校生活の見通しをもつ。

小学生にとって中学校生活は身近な将来ではあるものの、なかなか具体的なイメージを抱けません。そのため漠然とした期待や不安を抱えたまま入学することになります。キャリア教育は、小学校→中学校→高校で分断されることなく、成長段階に応じて連続していくことが必要です。そのため、小学校六年生では、中学校のさまざまな情報にふれ、それを参考にして自分がどのような中学生になりたいのかを具体的に考えさせます。

またこれには、不登校予防としての効果もあります。福井市では、小学校に中学生を招いて、部活動についての紹介をしてもらうなど、さまざまな形で「小→中」の流れをよくすることで、中学校一年生の不登校を半減させたという報告もあります。

全体の流れとしては、これから紹介する蟹谷小学校のように、まず自分はどんなことに不安を感じているのかを明確にし、調べ活動として中学校の実態について情報を収集します。そして中学校に通う先輩との交流に基づいて、自分の夢や希望を具体化していくというパターンが実践しやすいようです。

中学生との交流を効果的にするためには、事前に子どもたちに心構えをつくること、交流が子どもたちのニーズを踏まえていることが大切です。

実践　「中学校に向けて〜ホップ・ステップ・ジャンプ〜」小学校六年・学活三時間

富山県小矢部市立蟹谷小学校の中島由美子先生の実践を紹介します。

中学校生活について不安だと思うことをアンケートに書きます。そのアンケートをもとに、中学校生活の期待について話し合ったり、文化祭を見学したり、先輩からのメッセージをもらったりするという実践です。

とくに一年上の先輩からの、中学校での学習、行事、部活動などについてふれたビデオメッセージは、六年生が未来を意識しやすい優れた方法です。事情が許せば実際に交流できると、いっそうリアリティーのある体験になることでしょう。

この実践で育てたい能力・態度は次のとおりです。

●単元のねらい…自分の過去・現在・未来を見つめ、自分のよさを知り、未来に夢を広げることができる。

・将来設計能力　自分の将来の夢を描き、いましなければならないことを考えることができる。
・意思決定能力　身近な将来に夢や希望をもち、実現をめざして努力しようとすることができる。
・情報活用能力　中学校の見学やインタビューなどで得たことを、学習や生活に生かすことができる。

単元計画

○課外　中学校生活についてのアンケートを実施。
①アンケートをもとに、それぞれが抱く中学校生活に対する期待や不安について話し合う。中学生との交流で聞いてみたいこと、知りたいことを出し合い、交流の前に行う調べ学習の計画を立てる。教師は子どもたちの要望に応じて、中学校から資料を取り寄せる。……一時間
○課外　学校祭見学・身近な人へのインタビューなどの調べ学習。
②一年先輩の中学生三人からビデオメッセージをもらう。学習、部活動、学校行事などについてのコメントから、不安に思っていた中学校生活が楽しいものであることを知り、どんな中学生になりたいのかを具体的にイメージする。……一時間
③夢や希望が具体的になってきたところで自分を振り返り、夢や希望を実現するために、いますべきこと、できることを考え、グループで話し合う。実現に向けての計画作りをする。……一時間
○課外　計画に基づいて、継続的に実践する。

内省による夢づくり（自分づくり）モデル

授業タイプ4　模擬的なキャリア設計

さまざまな仕掛けを効果的に取り入れながら、将来のライフプランを子どもたち一人一人に考えさせる授業です。この授業を通じて、自分がどんな価値観を大切にしているのか、また何を大切にしていきたいと思っているのかを明確にしていきます。

ネタ6　キャリアアンカーの意識化

・将来どんな人になりたいか、どんな仕事につきたいか、仕事を通じてどんな自分を実現したいのかというキャリアアンカーを見つける。グループエンカウンターを効果的に取り入れ、カードやビンゴゲームを使って楽しく大切にしたい価値観を明確にさせる。

成長段階に応じた自己概念の育成は、キャリア教育がめざすものの一つです。自分の将来像を描きながら自分らしい生き方を主体的に考える力を育てるうえで、構成的グループエンカウンターはとても有効です。なぜなら「自分はどんな価値観を大切にしているのかを書きなさい」という単刀直入な指示では、考える手がかりが得にくいばかりか、自己肯定感が低くて将来の夢を描けない子どもにとってはかなり困難な作業だからです。

そこで、ワークシートやインタビュー、カードゲーム的な仕掛けで友達と交流をすることにより、段階を追いながら楽しんで自分なりのキャリアアンカーを考えていくのです。

実践　「どんな人になりたい・どんな仕事につきたい」小学校六年・学活四時間の二時間目

千葉県の小学校教諭、大平睦美先生の実践を紹介します。「大人になったら何になりたい？～未来の自分を見つめて～」と題した全四時間の単元の二時間目の授業です。

単元計画

①いまの自分を見つめて（運動会で見つけた友達のよさを伝え合う）……一時間
②未来の自分を見つめて（キャリアアンカーを探す）…………一時間　※指導案
③夢実現のためには（イチローの作文を読み夢実現に必要なことを考える）……一時間

④いまできることは（卒業に向けてできることを見つけ、励まし合う）……一時間

この授業では、具体的な職業観を教えるのではなく、自分が何に関心をもっているのかを知り、大切にしたい価値観を明らかにしていくことを重視しています。

まず、自分がどんな人間になりたいか、保護者は自分にどんな人になってほしいと思っているかをワークシート①の選択肢から選んで、あらかじめ記入させておきます。その分かち合いに、ビンゴゲームを使って高揚感をもたせています（ビンゴゲームは必ず盛り上がる、ここ一番の教育技術です）。

次に、40枚の「仕事の特色カード」（ワークシート②）から、自分の関心のあるものを3つ選び、それを「将来やってみたい」「迷っちゃう」「将来やりたくない」の3つに分類することで、楽しく遊び感覚で取り組んでいるうちに、おのずと自分のキャリアアンカーに目が向くように工夫されています。さらに、それを実現するための実際の職業名をやはりカード（ワークシート③）から選ぶことで考えさせます。観念的で頭でっかちになりがちな、キャリアアンカーの自己分析を、カードやビンゴゲームという工夫を加えることで、楽しく取り組むことができるようになっている、きわめて優れた実践といえます。

どんな人になりたい・どんな仕事につきたい

導入	1　子ども同士の信頼感を高めるために，「新しい仲間を探せ」と題し，拍手の数だけ仲間をつくり手をつながせる。輪になって座り握手を交わす。 2　事前にワークシート①の中から自分がなりたい人間像を選び，家の人にもどんな人に成長してほしいかをインタビューして書いておく。そのシートを使ってビンゴゲームをして，友達の考えを知り，多様な価値観があることに気づかせる。
展開	1　40枚の「仕事の特色カード」(ワークシート②)を自分の興味・関心に照らし合わせて分類していく。とくに関心の高いカードを３枚選ぶ。 2　その結果をほかのグループと交換し，選ばれた特色を満たす職業にはどんなものがあるのかを考える。 3　具体的な職業名を48職種が記された「職業リスト」から選んで記入する。(ワークシート③) 4　さまざまな職業の特色が書かれたカードの分類作業を通じて，自分がいまどんなことに興味があるのか，どんな夢を抱いているのか整理して考える。(ワークシート④)
終末	1　交換したシートを本人に戻し，他グループの人が見てどう感じたかを振り返りシートに記入する。他グループの価値観にふれ新たな見方を発見する。 2　グループで取り組みを振り返り発表する。

指導案とワークシートの出典：諸富祥彦編『こころを育てる授業ベスト17 小学校』図書文化，105～116Ｐ

どんな人になりたい・どんな仕事につきたいワークシート①

どんな人になりたい？

●今回の授業は「未来の自分」を見つめる授業です。

1　あなたはどんな大人になりたいですか。どんな人間に成長したいと考えますか。もちろん，いまの自分のよさを伸ばしていってもよいですし，新しい自分をめざしてもよいのです。次の言葉を参考に，なりたい人の順に３つ，下の＜**私のなりたい人**＞の覧に書きましょう。
（どうしてそれを選んだのか理由もいえるようにしておいてね。）

・おだやかな・ユニークな・積極的な・くよくよしない・熱心な・努力する
・まちがったことがきらい・最後までがんばる・だれとでも仲よし・責任感がある
・落ち着いている・明るい・自分の力で解決する・協力的な・ルールを守る
・だれにでも考えをはっきり言う・リーダー性がある・失敗してもくじけない
・まじめに役割をはたす・だれにでも親切な・礼儀正しい・アイデアが豊かな
・すすんで働く・何事もやる気がある・素早く行動する・手先が器用な
・思いやりがある・元気がある・面倒見がよい・けじめがある
・よく考え行動する・人の話をよく聞ける・話を聞いてくれる・体力がある
・きちょうめんな・人の気持ちがよく分かる・判断力がある

2　お家の人は，あなたにどんな人に成長していってほしいと考えているのか聞いてみてください。１と同じように，上のことばを参考にして，なってほしい順に３つ，下の＜**家の人の意見**＞の覧に取材して書きましょう。

＜**私のなりたい人**＞↓	＜**家の人の意見**＞↓	＜**秘密の欄**＞＊一番右は空欄でよいです
第１位	第１位	①
第２位	第２位	②
第３位	第３位	③

どんな人になりたい・どんな仕事につきたいワークシート②

どんな仕事につきたい？　仕事の特色カード

①多くの人と協力する仕事	②スケジュールを自分で決めることができる仕事	③働く時間が日によって違う仕事
④一人で行う仕事	⑤スケジュールがきちんと決められている仕事	⑥働く時間が毎日決まっている仕事
⑦人と接することが少ない仕事	⑧人に何かを教える仕事	⑨同じことを繰り返す仕事
⑩たくさんの人と接する仕事	⑪人を助けたり守ったりする仕事	⑫仕事の内容がいろいろ変わる仕事
⑬主に頭を使う仕事	⑭主に野外でする仕事	⑮指示されたことを行う仕事

Ｂ４に拡大して画用紙に印刷し，切り離して活用する。

どんな人になりたい・どんな仕事につきたいワークシート③

どんな仕事につきたい？　職業リスト

看護士（看護婦）	保育士（保母）	弁護士	事務員
獣医師	医師	学校の先生	司書（図書館の先生）
パイロット	警察官	消防官・救急救命士	大工
パン・ケーキの職人	ゲーム製作関係	研究者・学者	ペットショップ
アナウンサー	トリマー＊	美容師・ヘアメイク	ウエイター・ウエイトレス

＊職業名は「ＫＪ法による進路探索」『実践サイコエジュケーション』（篠塚信・片野智治編，図書文化）を参考に，児童の意識調査と考え合わせて48選択しました。職業名は小学生向けに変えてあり，正式な呼び方ではありません。

どんな人になりたい・どんな仕事につきたいワークシート④

どんな仕事につきたい？

仕事の特色カードを分けてみよう

「将来将来やってみたい」「どとらかといえばやってみたい」○のカードを置く場所

○

「迷っちゃうな」「わからないよ」
△のカードを置く場所

△

「将来やりたくない」
「どちらかといえばやりたくない」
×のカードを置く場所

×

いちばんやりたい仕事のカードを3枚残し、下に書き写そう

仕事	仕事	仕事

上の条件に合うような職業を探してあげよう。職業リストの中から2～3個書こう。

例えば

はいかがでしょうか！！

ネタ7　ライフプランづくり

・将来してみたいことを自由に絵や文章で表現させる授業。大人になったら家を建てるなど、○歳から九十歳までしてみたいことを書いていく。

ライフプランづくりはキャリア教育の定番です。何歳で資格を取り、何歳でお金を貯めて家を建て、何歳で事業を始めるといったように、人生設計図を物語形式でつくっていくのは人生ゲーム的な面白い試みです。ただし、ネタ６に比べて直接的な方法である分、頭でっかちになる心配があるので、細部にこだわってやりすぎない注意が必要です。どちらかというと中学生・高校生向けの取り組みです。小学生ならファンタジーとして、夢や希望を自由にふくらませることです。

実践「夢の計画図」小学校六年・特活二時間

埼玉県春日部市の小学校教諭の鈴木教夫先生の実践を紹介します。授業は鈴木先生が開発したワークシート「夢の設計図」を使います。シートの左半分は、尊敬している人と、将来なりたいものと、０歳から九十歳までの目盛りにそって自分の夢や希望を言葉や絵で一時間かけてかきます。右半分も一時間を使い、自分の将来の様子を物語風に書きます。

本実践のポイントは、夢の設計図をグループで語り合い、質問し合うことで相互作用を起こしていることと、一年に何度も繰り返して深めたり変化に気づかせていることです。

一年間の計画を考える視点としては、とくに、国語の伝記的な学習や生き方学習のあとや、道徳の生き方に関する学習のあとなどに実施すると効果的であるとのことです。

また実際に夢の設計図を子どもたちに書かせると、中にはふざけて「サイボーグになり五百歳まで生きる」ということを書く子どもがいるのですが、ほかの子どもがまじめに取り組んでいれば、自分で考え直してやり直すことがよくあるそうです。

鈴木先生がこの教材を使うことで実践に託した願いは、「何よりも大人になることのすばらしさ、大人として生きることの夢を大切にしたい」ということです。ここが頭でっかちにならないためのカギと言えると思います。

単元計画例(6年生)

一回目（四月）特活「夢の設計図をかこう」……二時間
二回目（七月）国語「作品と出会う・作者と出会う」宮沢賢治の思いや願い、生き方を学んだあとに、自分の生き方考え方をかく……全十六時間の最後の三時間
三回目（十月）国語「海の命」主人公の進路選択や生き方から学んだことをもとに、自分の人生プランをかく……全八時間の最後の三時間
四回目（三月）特活「夢の設計図をかこう」……卒業式二週間前の二時間

夢の設計図（全3時間）

〔目標〕自分の夢を考え，語ることを通して，将来の夢や希望をふくらませ，人生の目標づくりをする。

展開	1．将来してみたいこと，しようとしていることを自由に言葉や絵で表現する。左半分に1時間，右半分に1時間をかける。どうしても書けない場合は空欄でよい。宿題にはしない。 2．4～5人グループになり，1人ずつ発表し合う。グループ全員が発表し終えたら，グループ内で順番に質問の時間をとる。 3．発表しながら気づいたことや質問を受けて気づいたことをもとに，自分の夢の設計図を修正する。
終末	・設計図をかいて，気づいたこと感じたことを発表する。

人間関係形成能力…お互いの夢を知り質問し合って相互理解を深める。
情報活用能力…テーマ遂行に必要な情報を上手に活用できる。
将来設計能力…1つの課題を計画的に年間通じて取り組み仕上げる。
意思決定能力…研究テーマを見つけ決定することができる

夢の設計図ワークシート

平成　年　月　日　　学年　組　番　名前（　　　　　　）

◎あなたが尊敬している（目標にしている）人はだれですか。（　　　　　　）

◎あなたが将来なりたいと思っているもの（職業）は何ですか。（　　　　　　）

◎自分の将来の夢や希望を言葉や絵（マンガ）で自由に表してみましょう。

年齢(歳)	してみたいこと、しようとしていること	してみたいこと、しようとしていることの絵(マンガ)
0	生まれる	（　　歳ごろ）
10		
20		
30		（　　歳ごろ）
40		
50		（　　歳ごろ）
60		
70		（　　歳ごろ）
80		
90		

◎自分の将来の様子を想像して、自分の生き方を物語風に書いてみましょう。

内省による夢づくり（自分づくり）モデル

授業タイプ5　自分の過去現在未来を見つめる

キャリア教育の基本パターンの一つに、自分のこれまでを振り返り、成長を実感させる授業があります。どちらかというと小学校低・中学年にピッタリの授業です。

まず過去の自分に目を向けさせて成長を実感させます。過去と現在の時間軸をつなぐことで「この先も自分は成長していく」と未来への見通しをもたせることができるのです。

ポイントは、家族の話を通して過去の自分を知ることで、自分の誕生や成長に対する家族の気持ちを知ることができるようにすることです。これによって、自分の存在のかけがえのなさに気づき、「自分を大切にしよう」「自分の人生を精一杯生きてみよう」という思いを得られます。これらを通して、将来の夢を育て、夢を実現しようとする意欲を育んでいくことをめざすのです。この授業では、自分の成長や家族の思いに対してリアルな気づきをもたらす仕掛けを行うところが先生の腕の見せどころです。

ネタ8　小さいころからの成長を見て確かめる

・成長を視覚化して実感できる仕掛けとして、赤ちゃんのときといまの自分の原寸大の型紙を作り、自分がこんなに大きく成長したのだということを感じさせる。

　自分がどんなふうに生まれ、どれほどの愛情を受けて今日まで育ってきたのかを感じることは、家族や周りの人にとって自分がどれだけ大切な存在であるのかを認識するきっかけになります。「自分は人から大切にされている存在だ」という確かな思いがあるから、人を大切にすることができるようになるのです。

　そして、大切に思われている自分が、これからどんな大人になっていきたいのか、そのためにいまどんなことをがんばるのか、体を動かしながらの作業を通じて感じ取っていく取り組みです。

実践　「こんなに大きくなったよ！」わかくさ・ひまわり学級・総合二五時間中の二時間

愛知県犬山市立犬山南小学校の森紀子先生・安達しげ子先生の実践を紹介します。この「わかくさ・ひまわり学級」には、一年生から六年生まで五人が在籍しています。友達同士で協力し合いながら共同作業を行うことで、お互いを理解し大切に思う気持ちを育むことにつながる実践です。

本実践では、友達や保護者と活動する中で、自分の成長を実感し、味わい、自己存在感をもたせます。また友達と協力して作業に取り組むことにより、お互いのよいところに気づいたり、感謝の気持ちをもったりします。こうして人間関係形成力を育てるのです。

単元計画

①こんなに大きくなったよ……二時間　※左の指導案は二時間目
②私・ぼく……八時間
③これからの私・ぼく……十時間
④私・ぼくの発表会をしよう……四時間
⑤まとめをしよう……一時間

こんなに大きくなったよ！（総合）

〔目標〕生まれたときの自分と現在の自分をいろいろな方法で比較することにより，自分の成長を実感，確認し，これからの活動への意欲をもてる。

導入	1　個別に現在の身長と体重を計測し，記録する。 2　計測記録を見ながら感想を発表し，これまでの成長を感じる活動を提案する。
展開	1　成長を実感するために数値的な記録を比較する以外にどんな方法があるかを考える。 2　友達とペアになり，いまの自分の型紙作りをする。 3　保護者に作ってもらった赤ちゃんのときの型紙や赤ちゃん人形を使って，大きさや重量を各自体感し，いまの自分と比べてみる。保護者に生まれたときの様子や喜び，成長していくわが子に対する思いを語ってもらう。
終末	・活動を振り返り，どんな感想をもったか発表する。また，作業を手伝ってくれた友達や授業に参加してくれた保護者に対する感謝の気持ちを感じる。

ネタ９　小さいころからの成長物語を書く

・自分の小さいころのことを家族に聞いて調べ、成長物語を書く。自分の成長プロセスを知ることで、生活への意欲をもたせる。

実践　「明日へのジャンプ」小学校二年・生活二二時間

もう一つ、今度は富山県小矢部市立蟹谷小学校の山本和美先生の実践を紹介します。これもキャリア教育ではおすすめの授業です。

この授業では、小さいころからの自分を見つめ直して、自分が成長していくプロセスを物語としてとらえ直させます。小学校二年生の段階で自分の過去を振り返り、成長したことを実感できる工夫を凝らしているのがこの実践です。

第一次では大きくなったことを実感できるように等身大の型紙を作って、二年生でできるようになったことやがんばったことなどをカードに書いてはっていきます。それによっ

て、ぼくもこんなに大きくなったんだと成長のプロセスを実感できるように工夫していま
す。学習参観時には、お家の人に自分ができるようになったことなどを紹介すると同時に、
言葉のプレゼントをもらう授業をしてさらに成長を実感させていきます。

第二次では十二時間をかけて、小さいころのことを調べる方法を話し合い、調べ活動を
しています。

私はこの実践の工夫に感心しました。等身大の自分を作るという工夫もいいですし、自
分ががんばったことを付せんではりつけていくことは、自分の成長とよさを実感させてく
れます。また第二次では、現在から過去を振り返る仕掛けとしてタイムマシンカードなど
を用意して、調べ活動の意欲をもてるようにしています。調べる内容も事実だけでなく、
家族の気持ちや自分の気持ちも振り返るようにしたところが気づきにつながります。

単元計画

①等身大の型紙づくり（四時間）
・いまの自分の等身大型紙を作る。
・二年生でできるようになったこと、がんばったことをカードに書いてはる。
・誕生時の自分の等身大型紙を作り、いまの自分と比較する。
・できるようになったことを友達や家族に紹介し、「言葉のプレゼント」をもらう（学習参観）。
②小さいころのこと調べ（十二時間）
・タイムマシンカードを使って、知りたいことや調べる方法を考える。
・家庭で自分の小さいころのことを調べる。
・自分の成長を物語にまとめ、友達と読み合って、感想を書く。
③ありがとう集会（三時間）
・お世話になった人に対する「ありがとう集会」を計画し、実行する（学習参観）。
④三年生になったらがんばりたいことや、将来の夢や希望を話し合い、自分の物語に書き加える（三時間）

タイムマシンで……
（生まれたとき）の自分へ

名前

☆しらべたこと，聞いたこと（自分で書こう）

光かがやくたからものとして名前をつけてもらいました。
かがやくということが一番うれしいです。
だから野きゅうやべん強でかがやけるようにしっかりがんばろうと思います。
カメラをむけるとよくわらっていたそうです。
おにいちゃんの赤ちゃんのときよりよくねました。
生まれるときはおとうさんも一しょに見まもっていてくれました。うれしかったです。

＜タイムマシンカードの記入例＞

＜いまと誕生時の等身大の自分＞

ネタ10　家族の目を通して自分の成長を振り返る

・保護者から話を聞いたり母子手帳やへその緒を見たりして、自分の生まれたときの様子を知る。そのことによって自分の誕生と成長が家族にとって大きな喜びであったことを理解する。

自分の誕生や成長に対する家族の思いを知ることで、自分が生まれてきたことが、家族にどれほど大きな喜びをもたらしたのかを実感させます。それにより自分の存在や個性に自信をもち、可能性を信じられる人間になっていくのです。

実践「ぼくのたんじょう日」小学校二年・道徳一時間

愛知県犬山市立犬山南小学校の元安ちづ子先生の実践を紹介します。この実践は、道徳、学級活動、生活科を連動させた中の道徳における一時間です。道徳の授業としても、読み物資料や心のノートを上手に活用して「生命尊重」の価値を深化させる優れた実践になっています。

まず授業に先立ち、保護者に子どもが生まれたときの体格や状況などを記した手紙を書いてもらいます。

授業では、『心のノート』の「みんなみんな生きている」を補助的な教材として活用しているのが特色です。ここには、人間だけでなくさまざまな動植物の誕生の場面が写真で掲載されていて、どんな生き物も大切な命をもって生まれてきたことや、小さく生まれてきた赤ちゃんがお母さんに守られている様子などを感じ取るには、非常にいい材料です。そして読み物資料によって、へその緒や母子手帳を大事にしまってある母の思いを読み取り、最後は自分が生まれたときのことが書かれた親からの手紙を読むのです。

キャリア教育としては、人間関係形成能力については、自分の考えをみんなの前で話したり、友達の意見を聞いたりすることから、お互いの理解を深めます。意思決定能力については、大切な命という言葉の意味を実感させ、いろいろなことに挑戦していこうとする願いや思い、夢をもつことができるようにしていきます。

ぼくのたんじょう日（道徳・1時間）

〔主題名〕たいせつないのち
〔目標〕自分の命の誕生が周りの人たちの喜びを生んだことに気づかせ，生命を大切にしようとする心を育てる。

導入	・「心のノート」の「みんなみんな生きている」に掲載されている文章や写真を見て，各自の感想を出し合う。
展開	1　ひとりの少年を主人公にした資料を読む。資料はみつお少年が，自分の誕生時の様子を母親から聞き，母子手帳の説明を聞いたりへその緒を見て驚いたりしたことが書かれている。そのときのみつおの気持ちを考えさせる。 2　お母さんはなぜ自分の子どもの母子手帳やへその緒を大切に取っておくのか考えてみる。 3　保護者に書いてもらった手紙を各自読み，自分自身の誕生の様子を知る。
終末	・取り組みを振り返り，「心のノート」に感想を書く。

資料名「ぼくのたんじょう日」
出典『あかるい　こころ』
内容項目　3－(2)生命の尊重

ネタ11　過去現在から未来を見つめる

・「家族に取材をして自分の過去を振り返る→いま自分が好きなことと得意なことを考える→身近な仕事について調べる→½成人式で将来の夢を発表する」という流れで、過去・現在・未来について段階を追って理解を深め、将来の夢に向かって進めるようにする。

自分の過去を調べて自分のよさに気づくことは、これまでのネタ8〜10と共通ですが、未来に向けた取り組みに重点をおいたのがこのネタの特徴です。ここではどのように夢を育てるのかが工夫のポイントになります。このように過去現在未来という人生の流れを実感できるようにすることは、キャリア教育において欠かすことができない柱であり、その中で、働くことの意味を考えさせていくのです。

実践　「かがやけ、ぼく、私の未来」小学校四年・総合二四時間

愛知県犬山市立犬山南小学校の川井栄治先生の実践を紹介します。将来の夢を自由に描き、それを広げていく学び合いをめざした取り組みです。単元全体は「過去の自分→現在の自分→未来の夢づくり」という流れで構成されています。

まず最初の「過去の自分」では、これまでの自分の生い立ちを振り返ることから始めます。家の人に誕生のときのエピソードや名前の由来を教えてもらったり、保育園・幼稚園の先生、近所の人に当時の様子を語ってもらったりします。これらを通じて、自分は家族をはじめ、さまざまな人に支えられて今日まで育ってきたことを理解していくのです。

次に「現在の自分」では、いまの自分が好きなこと、得意なことをあげ、どんな分野が向いているのかを考えてみます。そして周囲の大人に目を向け、どんな職業があるのかを調べます。

「未来の夢づくり」では、過去と現在を合わせて自分の将来を見つめ、夢を描きます。そのうえで、保護者の前で「½成人式」と題して自分の将来の夢を発表するという構成になっています。

●単元のねらい…自分の過去・現在・未来を見つめ、自分のよさを知り、未来に夢を広げることができる

単元計画

①思い出の中の私〔過去〕……四時間
・自分の誕生のときの様子や名前の由来を家の人に聞く。
・近所の人など自分の生い立ちにかかわった人々に取材をして、さまざまな人に支えられて成長してきたことを知る。
②私ってどんな人〔現在〕……四時間
・自分の好きなことと得意なことを見つめ、適性について考える。
③仕事って何？……五時間　※指導案は五時間目
・身近な人の仕事調べによって、社会にはさまざまな職業があり、それぞれが支え合っていることに気づく。
④大人に近づく私の体……三時間
⑤夢に向かって……六時間
・自分の未来を総合的に考え、将来設計をして、夢を広げる。
⑥½成人式……二時間
・保護者の前で自分の将来について発表する。

しごとって何？
（総合・第三次五時間中五時間目）

〔目標〕働くことの目的について視野を広め，自分なりの将来像を描くことができる。

導入	・学校が休みの日に自分が出合った職業を発表する。
展開	1　司会者を決めて，大人は何のために働いているのか事前に調べたことを発表し，それをもとにみんなで話し合う。 2　何のために働くのかについて書かれた選択肢から，そうだと思うものを選ぶ。選んだら優先順位をつけ，選んだ理由を書いていく。 3　ペアになって，お互いの順位を発表し，交流と理解を深める。 4　ゲストティーチャーに何のために働いているのか話してもらう。
終末	・学習内容を振り返り，展開２で書いた優先順位を見直してみる。さまざまな意見を聞くことにより，ものの見方考え方を広げ将来について考えを深めることができたかどうか考えてみる。

意思決定能力…働くことについて自分なりの価値を明確にすることができる。
将来設計能力…働くことの意義を知り，自分の将来像を描くことができる。

単元全体の中盤に位置する「人は何のために働くのか」を考える授業です。何のために働くのかを大人たちにインタビューします。お金を稼いで家族を養うため、社会に役立つためなど、実際の大人がどんな価値観で働いているのかを知っていきます。そして自分が大人になったら何のために働きたいのかについて、選択肢に優先順位をつけて発表します。

基礎的な能力育成モデル

授業タイプ6　いのちを感じる

いのちは、キャリアすなわち人生全体のベースになるものです。いのちの成長に光を当てるのはキャリア教育の基本パターンの一つです。

なぜなら、いのちを実感することは、自分のいのちやその尊さをあらためて見直し、これからの生活に前向きに取り組む姿勢をつくっていくからです。その意味で、いのちの授業はキャリア教育のど真ん中に位置するといっても過言ではありません。

ネタ12　食育からいのちを見つめる

一・毎日の食事がいのちある食材で成り立っていることを知り、多くのいのちが自分の一健康な体を支えていることに気づくことで、食べ物やいのちを大切にする気持ちをもつ。

健康な体をつくるために食べることは欠かせないということはわかっていても、健康であることや食べ物の大切さの意識が子どもたちに十分に備わっていないと感じられることはしばしばあります。いのち、食材、自分の健康を関連づけて考えることもまた、キャリア教育において重要な意味をもっています。

実践　「食べものにかんしゃしよう」小学校二年・特活一時間

愛知県犬山市立犬山南小学校の倉橋伸子先生・内藤陽子先生の実践を紹介します。どんなものにいのちがあるのかを考えたうえで、食べ物について考えてみようという授業です。

まず本時に先立って、子どもたちは生活科でトマト栽培を行い、植物の生命力の強さを目の当たりにするとともに、育てたトマトに対する愛着を感じる体験をしていました。

本時では、資料を見ながら「牛にもいのちがあるねぇ」「果物にもいのちがあるねぇ」と、それぞれにいのちがあることを確認して、給食がどのように学校まで運ばれてくるのかを学びます。そのことによっていのちの連鎖を実感し、その連鎖の中で自分たちは食べ物をいただいているのだという気づきをもたらす授業です。

食べものにかんしゃしよう（特活１時間）

〔目標〕給食を通して，食べ物や給食にかかわる人たちに感謝し，食べ物を大切にする気持ちを育てる。

導入	・草花，木，野菜，昆虫，動物など，いのちがあるものをあげる。
展開	1　当日の給食に使われていた食材を思い出してみる。 2　それぞれの食材についていのちがあるか確認しながら，いのちがあることを示すハートのカードを貼っていく。土から植物へ，植物から家畜へいのちがつながっていることを理解する。 3　ハートカードが市場を通って給食室に届き，給食を表すイラストの周りにハートカードが集まる。 4　ここまでの資料や教材を見て気がついたことを発表する。 5　牛乳工場の人から仕事の様子を聞き，働くことに関心をもつ。
終末	・学習を振り返り，わかったこと，これからどんな気持ちで食べ物をいただくかなどを発表し合う。

意思決定能力…食べ物の大切さを意識しながら，自分の意見を発表する。
情報活用能力…給食が作られるまでには，多くの人たちが働いていることがわかる。

ネタ13　妊婦さんとのふれあいでいのちを実感

・妊婦さんや赤ちゃんとふれあい、いのちを実感することで、自分の存在についての認識を深める。

いのちに関連した取り組みには、知識として頭で理解するのではなく、五感で感じることのできるライブ感をぜひ取り入れていただきたいものです。そのためには、妊婦さんに来てもらい、赤ちゃんのいるお腹を触らせてもらったり、聴診器で心音を聞かせてもらったり、生まれてくる子どもに対する思いを聞かせてもらうなどの取り組みが効果的です。出産後に再び来てもらい、生まれた赤ちゃんと対面することができれば、子どもたちの心は大きくゆり動かされることでしょう。

さらにいのちに対する理解を深めるために、生きることを描いた詩の鑑賞を取り入れ、生きることに対する作者の思いを考えるなど、さまざまな組み合わせが考えられます。

実践「生きる」小学校六年・道徳一時間

愛知県犬山市立犬山南小学校の本田則子先生の実践を紹介します。ライブ感を重視した高学年向けの授業です。

生きる（道徳1時間）

〔主題名〕生きる

〔目標〕自他の生命を尊重し，自分らしい生き方をしようとする意欲を高める。

導入	1　友達とペアになり，肩をもみ合いリラックスする。 2　生きていることを実感する瞬間を思い出し話し合う。
展開	1　「生きているうち」を読み，詩に込められた思いをワークシートに書く。子どもの司会で，感じたことを発表する。子どもの詩を紹介し，いのちに目を向けさせる。 2　育児休暇中の教諭と赤ちゃんをゲストティーチャーとして迎え，わが子に寄せる思いを聞く。 3　聞いた話を通じて自分自身の生き方について感じたこと，考えたこと，未来への思いをワークシートにまとめ，発表し合う。
終末	・心のノートを利用し，取り組みを通じて気づいたことを話す。

人間関係形成能力…意見を交流する場に積極的に参加することで，互いの理解を深められる。

将来設計能力…生命の尊さについて考え，自分の夢に向ける思いを確かなものにできる。

資料名「生きているうち」

出典『にんげんだもの』相田みつを
内容項目　3－(2)　生命の尊重

基礎的な能力育成モデル

授業タイプ7　友達とのふれあいと協力

友達のいいところを探して存在を認める。

自分のいいところを指摘してもらって自己肯定感を獲得する。

こうした友達とのかかわり合いは、キャリア教育における人間関係形成能力育成の基本パターンです。「いいところ探し」「がんばり見つけ」など、お互いのよさを見つけ合い認め合うエンカウンターの実践は、すべてキャリア教育の基本パターンであるといえます。「友達のよさを認める」というと、ありがちに思われますが、自己肯定感を育てることは、キャリア教育においてもっとも重要な基底をなす部分なのです。自分には何かを成し遂げる力がある、自分はほかの人にできない何かができるといった自己肯定感が育っていなくては、仕事をする意欲につながりません。キャリアを紡いでいこうという意欲が育まれていかないのです。

また、人と協力して何かを成し遂げるには、相手の気持ちや考えをわかろうと努めたり、自分の意見や気持ちをわかりやすく表現できることが必要となります。情報活用能力を育てる具体的な方法としては、課題を与えて、情報や調べたことをどのようにプレゼンテーションしていくかをディスカッションさせるという方法があります。

このような取り組みは、従来は、「人間関係を築く力の育成」として道徳や学級活動のなかで行われてきましたが、キャリア教育の観点からもとらえ直しが求められているのです。

ネタ14　お互いのよさを認め合う

・お互いのよさやがんばっていることを認め合い、自己肯定感を高める。

お互いのよさを見つける活動は、道徳や学級活動としてこれまでも行われてきましたが、キャリア教育の観点からは、人とかかわる力を育んでいくという点で大切になります。例えば、四年生なら四年生なりの人とかかわる力を育てることが大切です。実践は、道徳や学級活動のほか、帰りのホームルームなどでも可能です。

ところで、友達とよさを認め合う活動は、子どもたちが授業の趣旨を理解しやすい反面、教師が十分に配慮して仕掛けを工夫しないと、特定の子どもにばかりよい評価が集まったり、まったく評価をしてもらえない子どもが出るなど、偏りが生じやすくなります。そこで、構成的グループエンカウンターの手法を取り入れ、十分に活動を構成（計画）することが重要です。すべての子どもがうれしい気持ちを体験できるように工夫すべきなのです。

実践　「友達のよさを見つけよう」　小学校四年・学級活動・全二時間

富山県小矢部市立蟹谷小学校の高木絵里子先生の実践です。毎日の帰りの会で「ほめほめタイム」と「ありがとうタイム」を実践しています。

学級活動の１時間目では、「よさ見つけ振り返りカード」を使って、友達のよさの見つけ方について自分を振り返り、人のよいところを見つけるためのヒントとしました。これを受けて、学級活動の2時間目では、「友達発見インタビュー」を行い、より多くの友達のいいところを見つけられるようにしました。

友達発見インタビューでは、内容ををあらかじめ15項目に設定したワークシートを使い、相手に偏りが生じないように、4つのルール（153頁）を定めました。これは、この学年が単級で、子どもたちの人間関係が固定化しがちであったために、意識的に新しい友達のよさを発見して認め合っていく仕掛けが必要だったからです。同じ状況を抱える学校も多くなっているので、ぜひ参考にしてもらいたいと思います。

単元計画

事前　学校行事のあとに、日ごろの学校生活では気づかなかった友達のいいところを見つけ、学級新聞に掲載する。帰りの会の「ほめほめタイム」と「ありがとうタイム」では、友達のよさを発見して発表する。

第1次　「よさ見つけ振り返りカード」を使って、自分は友達のよさをどのように見つけたのかを振り返る。

第2次　構成的グループエンカウンターの「友達発見インタビュー」を行う。インタビューによって、どんなよさを見つけることができたかを発表する。

※第１次、第２次の取り組みはその後も継続して行う。

ほめほめタイム　記入例

<だから、ぼく・わたしは>
<それを見て、ぼく・わたしは>

・自分もがんばりたいなあ
・えらいなあ
・自分も見ならいたいなあ
・すごいなあ　・さすがだなあ
・よかったなあ
・自分もできたらいいなあ
・がんばっているなあ

……とおもいました

ありがとうタイム　記入例

<だから、ぼく・わたしは>

・うれしかった　・見習いたいな
・手つだってもらえる人がいていいなあ
・よかった
・助かったな
・助けてくれてありがとう
・たよりになるなあ

……とおもいました

よさ見つけ振り返りカード　記入例

わたしは９人の人のよさを見つけることができました。でもほとんど同じ人しかよさを見つけていないので、ちがう人のよさも見つけたいのです。もっともっと15人ほどの人のよさを見つけたいです。

友達発見カード

番	インタビューする質問	だれ？	どんな？　何を？
1	元気に外へ出て、よく運動や遊びをしますか？		どんな運動？　遊び？
2	だれかを助けたことがありますか？		だれを？　どんなことで？
3	係の仕事をがんばっていますか？		何を？
4	しょうらい何になるかを決めていますか？		何になるの？
5	本を毎日読んでいますか？		いま読んでいる本は何？
6	そうじや整とんをすることが好きですか？		どこをそうじ・整とんしているの？
7	何かを作ることが好きですか？		何を？
8	いま、がんばっていることがありますか？		何を？
9	すすんであいさつをしていますか？		どんなあいさつ？
10	生き物または植物のお世話をしていますか？		何を？
11	なかよく助け合って活動できますか？		どんな活動？
12	みんなの前でよく話をしたり、発表したりしますか？		どんな話？　どんな発表？
13	友達となかよく遊んでいますか？		何の遊び？
14	家で宿題のほかに、何かすすんで勉強をしていますか？		どんな勉強？
15	家の手伝いをしていますか？		何の？

友達発見インタビューのルール

1　インタビューできるのは１人につき１項目だけ
2　男子にも女子にもインタビューする
3　１人の人の名前は１回しか書けない
4　自分の名前を１回だけ書いていい

ネタ15　グループで協力して情報を交流し合う

・グループで調べたことをわかりやすく発表し、プレゼンテーションする。
・取り組みを通じ、人と協力しながら学び合う方法や楽しさを実感していく。

グループでの調べ学習を通して、情報を効果的に加工する力（情報活用能力）や、人間関係形成能力を育成することをめざした実践です。プレゼンテーションに必要な、発表をする力や、発表を聞いて評価する力を育てていきます。こうした力は、学校生活のあらゆる場面で生かされるべきものですから、このタイプの授業は、すべての教科での取り組みが可能です。

次に紹介するのは、算数の時間の実践です。国語・社会・生活などでの取り組みの例が多く見られますが、ねらいの的を絞って取り組めば、どの教科でも実践可能となります。

実践　「調べたことをグラフに表そう」小学校三年・算数・全九時間

愛知県犬山市立犬山南小学校の藤本真由美先生の実践です。算数の「調べたことをわかりやすく棒グラフにあらわそう」という授業で、これだけではキャリア教育になりませんが、次のようにねらいの的を絞っています。

みんなで話し合いながらグラフ化していく過程では、情報活用能力が伸びていきます。また、目盛りの取り方などについて、いろいろと意見を交換することによって、人間関係形成能力も育成されます。この授業では、全員が活動に参加したり発言したりできるように、グループの人数を三人と少人数に押さえていることもポイントです。

単元計画（３年生）

①表づくり……一時間
②ぼうグラフ……四時間
③工夫した表……一時間
④たしかめ道場「グラフにかこう」……一時間
⑤「グラフをつくろう」……一時間　※本時
⑥まとめ……一時間

●ワークシートの工夫
方眼紙を、マス目の細かいものから粗いものに三種類、それを縦長と横長に、合計六種類用意した。

調べたことをグラフに表そう
（単元全9時間中の8時間目）

〔目標〕調べたことをわかりやすく棒グラフに表し，ほかのグループからわかったことや感じたことを見つけることができる。

導入	・本時の課題をつかむために，「多い順に書く」「目盛りの使い方に気をつける」といった注意点について話す。
展開	1　グループで調べたことをもとにグラフをつくる。その際，どのような順番にするのか，目盛りはどう打つか，グラフは縦に伸ばすのか横に伸ばすのかなど，ポイントを思い出しながらワークシートを使って進める。 2　グループでつくったグラフを紹介する。発表するときには，大きな声ではっきりと，説明している図や式を指し示しながら話すようにする。発表を聞く人は，グラフそのものが示す情報以外にも，グラフづくりのポイントを押さえているか，色の使い方や表現の仕方が適切かどうかにも注意しながら聞く。 3　発表を聞いた感想を交換し合う。
終末	・学習内容を振り返り，感想をノートに記す。お互いのがんばりを認め合うように促す。

情報活用能力…調べたことをわかりやすくグラフに表すことができる。

人間関係形成能力…自分の考えをわかりやすく表現しようとしたり，友達の考えを理解しようとしたりする。

基礎的な能力育成モデル

授業タイプ8　集団の中での役割遂行

小学校においては、係活動や家でのお手伝い活動について振り返らせることも、キャリア形成の基礎力を育むうえで重要な意味をもちます。係活動やお手伝いは、直接にはキャリアにつながらないように思われるかもしれません。しかしこれらの活動は、自分に与えられた役割を自分なりに工夫して遂行していく力（役割遂行力）を養います。そして、集団の中での役割を果たせるようになることは、「人とかかわる力」の基礎となります。

では、子どもたちの役割意識を高めていくには、どうしたらいいでしょうか。それには、所属している集団の中で、自分が実際にどのような役割を果たしているのかを振り返らせることが重要です。例えば、スポーツ少年団、委員会活動や家族の中で、自分にはどんな役割が与えられているのか意識させていくのです。

具体的な方法としては、ただ役割を与えるだけでなく、必ず振り返りシートに書かせていくことが重要です。自分の活動を言語化し、自覚化させるのです。そして、振り返った内容を友達と分かち合います。

このように、家族や学校や地域の中で自分がすでになっている役割を意識化させ、振り返りシートに書いて分かち合わせることは、小学校でのキャリア教育において欠かせないものです。

ネタ16　係活動を振り返る

・「振り返りカード」を使って、自分の係の仕事を振り返る。
・友達と互いのよいところを認め合い、励まし合う。

係活動の振り返りでは、学級という集団の中でその係がどうして必要なのか、何を目的としているのか、そこで自分は何をすればいいのか、係の仲間とどのようなところを改善していけばいいのかを意識させることで、積極的に役割にかかわろうとする態度を育てることができます。

このとき大切なのは、友達との話し合いを通して、これまでの取り組み方でよかったところをお互いに認め合い、人からのアドバイスに耳を傾ける態度を養うことです。これは、自己有用感や達成感を実感する助けにもなります。

実践「係活動パワーアップ大作戦」小学校三年・学級活動・全二時間

富山県小矢部市立蟹谷小学校の小田泰史先生の実践です。自分の係活動をパワーアップするためにできることを、同じ係ごとに話し合い、それを作戦として発表させます。また、係活動は自分の満足を得るためだけに行うのではなく、学級全体をよくするために必要な活動であることに気づかせます。

振り返りでは、係になった最初のころの気持ち、やり始めてからの気持ち、いまの気持ちを思い出させ、どのような態度で取り組んできたのかを見つめ直させることも、子どもの役割意識を高めるうえで効果的です。

係活動パワーアップ大作戦

1時間目	1　積極的に活動していた係をあげ，そのよいところを学級で話し合う。係単位でのよさに加え，個人的ながんばりについても目を向けられるようにする。必要に応じて，「振り返りカード」を使用する。 2　自分たちの係に必要な取り組み方について話し合う。各係で話し合いの結果をまとめ，「係活動パワーアップ大作戦」として発表する。
2時間目	・これからの活動計画を係ごとに立てて発表し，友達からアドバイスを受け，計画の見直しを行う。

＜振り返りカード＞

前期の係名

明るいかざり係

どうしてその係になったのかな？

教室を明るくきれいにしたかったから

係の目的は何だったんだろう？

教室が明るくなるようにがんばる。

クラスのみんなに喜んでもらえるように自分のやることを一生懸命にやる

係の中で自分の仕事は？

飾りを作る。飾りをつける。

人間関係形成能力…友達のよいところを認め励まし合う。
情報活用能力…係や当番活動に積極的にかかわる。

ネタ17　さまざまな集団の中での自分の役割

・家庭、学級、委員会、スポーツ少年団など、所属する集団における自分の役割を意識する。

小学校の高学年は、自分の役割の意味を理解し始める成長段階にあります。この時期に家庭、学級、委員会、スポーツ少年団など、自分が所属するさまざまな集団における自分の役割を意識させることで、一人一人の役割が大切なものであることに気づかせ、役割を果たすことの責任感を育てます。

実践　「集団の中での役割を自覚して」　小学校五年・道徳・全一時間

富山県小矢部市立蟹谷小学校の石上知暁先生の実践を紹介します。

自分の果たしていることを人から認められたりほめられたりする体験から、自分が必要とされていること、意欲的に役割に取り組むことの大切さを感じ取らせていく実践です。

集団の中での役割を自覚して

導入	・家での仕事，学校での仕事にすすんで取り組んでいるかをアンケートする（課外）。
展開	1　アンケート結果を示す。自分がやってきた仕事について具体的に振り返りながら，集団の中の役割に意識を向ける。 2　自分が現在所属している集団で，どんな仕事をしているのか探す。ワークシートを利用し，グループで話しながら進める。 3　自分が果たしている具体的な役割を発表し，その役割をしているときの気持ちについてみんなで話し合う。 4　下級生から一人一人に宛てて，日ごろの感謝や思いがつづられた手紙を手渡す。自分では気づかないところで，感謝されていることを知る。
終末	・教師自身が，自分のさまざまな役割を一覧にして示す。集団の中の役割は，学校だけでなく家庭や社会の中にもあることを伝える。

学校の仕事をすすんでしていますか？

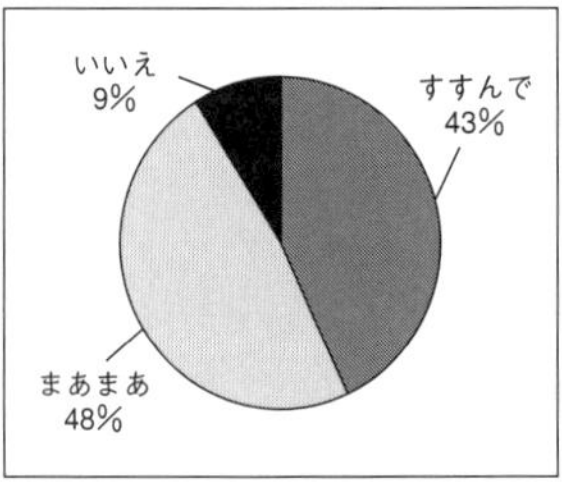

家の仕事をすすんでしていますか？

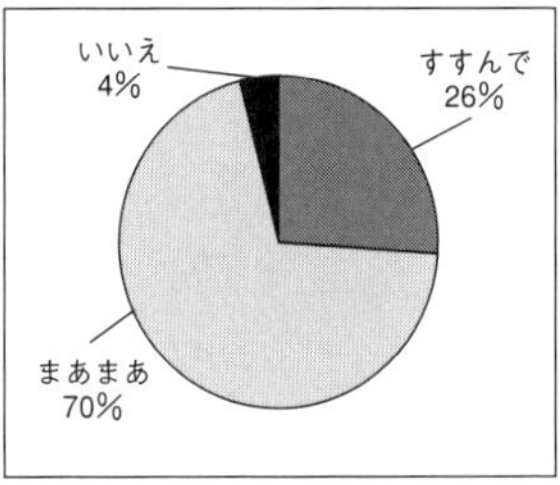

ネタ18　お手伝い活動を振り返る

・家族とともに取り組んだ家の仕事を紹介し合う。
・集団の中の役割について知り、自分の果たすべき役割を考える。

「お手伝い」は、家庭を楽しくするために、家族の一員として自分にはどんなことができるのかを、自分なりに考えてみるための絶好のテーマです。また、家の人と一緒に仕事をして、家族がそれぞれどんな役割を果たしているのかを観察することは、ほかのさまざまな集団においても、自分の果たすべき役割を考えていく第一歩となります。

さらに、家でどのようなお手伝いが必要とされているかを考えることは、相手の立場を考え、思いやりのある役割行動を取ることにもつながります。

実践「うちのひとといっしょにしよう」小学校一年・生活科・全十二時間

愛知県犬山市立犬山南小学校の木村康子先生の実践です。入学したばかりの一年生は、「どうしたら楽しい学校生活を送ることができるのか」と急に問われても、戸惑ってしまいます。そこで、家でのお手伝いを取り上げ、実際に家の人と一緒に仕事をすることから、集団生活における役割の理解を深めていきます。また、家庭のあたたかさや家の人の大切さを実感できるようにします。

単元計画

①うちの人といっしょにしよう……四時間
②楽しかったことを教え合おう……四時間　※本時は三時間目
③もっと楽しくしよう……四時間

それぞれが家庭で体験した仕事は、グループで紹介し合い、分かち合って交流します。これにより、人の発表から、「自分もお家でこんな仕事をしてみたい」と感じることができますし、友達の話に耳を傾けることによって人間関係形成能力も育まれます。

この授業を通じて、自分なりに考えたことや願いを最後まであきらめずに取り組んでいくことの大切さも、実感させたいものです。

うちの人といっしょにしよう

〔目標〕家の人といっしょにした仕事をわかりやすく紹介したり，思いやりをもって友達の発表を聞いたりすることができる。

導入	・自分が家の人と一緒にやったことのある仕事をあげてみる。
展開	1　家の人と一緒にやった仕事について，各自が用意してきたモノを使って，実演したり絵や写真で見せたり，工夫しながら発表する。どうしてその仕事をするようになったのか，やってみてどんな感想をもったかなどのコメントも加える。友達を認め合い応援しながら発表を聞けるようにする。 2　友達の発表を聞いてみて，自分にできそうな仕事にはどんなものがあったか，どんな仕事をしてみたいかなど，思ったことを発表する。 3　子どもに宛てて家の人が書いた手紙を読み，自分が家の仕事をしたことについて，家の人がどんな感想をもったのかを知る。
終末	・学習内容を振り返り，どんな感想をもったのか，これからどんなことをしてみたいのかを紹介する。

情報活用能力…仕事についてまとめ，友達に紹介することができる。

人間関係形成能力…相手の立場を考え，思いやりのある行動をとることができる。

キャリア疑似体験モデル

授業タイプ9　模擬職業体験

仕事をすることの喜びや意味は、実際に体を動かして仕事をしてみないとわかりません。座学で教師から仕事をすることの意味はこれだと教えられても、資料をもとに仕事をすることの喜びを話し合っても、それは単なる知識にとどまります。体験的にしか学べないことがあるのです。実際に体を使って職業活動に取り組むことを通して、初めて仕事の喜びや意味が実感としてわかってくるのです。

模擬的にでもいいので、仕事に取り組むことを通して、人に喜んでもらえるという体験をします。仕事とは人に喜んでもらえることなんだということを実感するのが大切です。人のためにしたことが自分の喜びとして返ってきて、それが仕事への意欲につながっていくという、幸福な心の循環のサイクルが生まれてくるのです。

ネタ19　買い物ゲーム（消費者教育の基礎編）

・買い物ゲームを通して、お店屋さんの仕事を疑似体験する。
・売り手と買い手の立場を疑似体験することで、消費活動の基礎的知識をもつ。

毎日の生活に欠かすことのできない買い物は、子どもたちにとっても身近な経済行為です。従来のように、社会科・公民・家庭科といった教科で個々に行うのではなく、子ども一人一人の生活に結びつけ、体験的に学ばせていくことが望ましいでしょう。

具体的には、生産者・工場・販売現場の見学、広告研究、買い方の研究などに加え、売り手や買い手の立場を疑似体験するのが効果的です。店の仕事を調べる過程では、実際に働く人との交流も図れるため、子どもたちの職業観を育てることにもつながります。

消費者教育、金銭教育、アントレプレナー教育は、キャリア教育において、子どもたちの将来の生活を支えていくために不可欠な分野と位置づけられます。選択肢の広がりと価値観の多様化が進む現代社会において、消費者教育はますます重要になっているからです。買い物の際に自らが大切にする価値を明確にし、主体的に判断できる消費者を育てるという意味でも取り入れたい学習です。

実践　「買い物ゲームでよいお買い物をしよう」　小学校三年・社会科・全十二時間

愛知県犬山市立犬山南小学校の坪内茂雅先生の社会科の実践を紹介します。買い物に焦点を当てた「スーパーマーケットで働く人々」という単元の、総まとめとして実施された実践です。家族（買い手）と企業（売り手）の双方の立場に立って、お客さんを大事にしながらものを売るということの疑似体験をします。

単元計画

①買い物マップをつくろう……二時間
②買い物の工夫を調べよう……二時間
③広告を調べよう……二時間
④総合スーパーを見学しよう……三時間
⑤買い物ゲームをしよう……三時間　※指導案は三時間目

買い物ゲームでよいお買い物をしよう

〔目標〕売り手と買い手の双方の視点から，よりよい買い物のあり方を考える。

導入	・これまでの学習内容を振り返り，消費者と企業双方に対する意識を喚起する。
展開	1　出店グループが呼び込みＰＲを行う。売り手としてどんなことを大切にしているのかをボードに書き出す。 2　買い物ゲームの準備。買い手グループは，購入の際にどんなことを大切に考えるかをボードに書き出す。 3　買い物ゲームの実施。出店グループが大切に考えることと，買い手グループが大切にしていることが一致している店で購入していく。 4　ゲームの振り返りとして，買い手グループが購入品を発表する。 5　ゲームを通じて感じたこと，よかったこと，うまくできなかったことなどを自由に発表する。
終末	・学習内容を振り返り，ワークシートに記入する。

意思決定能力…買い物の際の自らが大切にする価値を明確にし，目的に合った買い物をすることができる。

将来設計能力…買い物ゲームを体験することで，よりよい買い物のあり方について，買い手と売り手の両方の視点から考えることができる。

子どもたちからは、「元気のいい店員がいるから買ってみよう」「品物が新鮮だから」「高い品物ばかりだからやめよう」など、いろいろな意見が出ていました。これらの気づきは、売り手の視点にも、買い手の視点にもつながるものです。

ネタ20　商品開発

・生活に役立つものを作るという視点で、商品開発の仕事をシミュレーションする。
・商品開発の仕事を通じて、将来の夢や職業観を育てる（将来設計能力）。

小学校の社会科では、「生活と工業生産」などの単元で、世の中の多くの仕事を扱っています。しかし、それらの仕事を自分自身の生活と結びつけて問題意識をもつことは、子どもたちにとってむずかしいようです。

そこで、次に紹介する実践では、いまや日常生活に欠かすことのできない車を取り上げ、新車開発プランのシミュレーションを行いました。

職業観を育てるには、具体的かつ身近な仕事に多くふれることが何よりも効果的です。将来の仕事を模擬的に体験することで、その機会をつくり出すことができます。

また商品開発のシミュレーション体験は、創造性や問題解決能力を伸ばすのに最適です。社会の動向を知り、自分たちの生活とのかかわりを考えてものを作り出すことは、起業家教育であるともいえます。

実践　「生活に役立つ車を開発しよう」　小学校五年・社会科・全二十一時間

愛知県犬山市立犬山南小学校の松永雅代先生による実践を紹介します。社会科の「私たちの生活と工業製品～自動車を作る工業～」という単元の中で、新車開発プランの提案をさせています。

この授業の面白いところは、実際に車社会の現状を聞き取り調査した資料を子どもたちに与えて、「生活に役に立つ車を考える」という観点から、開発プランを考えさせているところです。

生活に役立つ車を開発しよう

〔目標〕自動車づくりに関する資料や身近な人々からの聞き取り調査をもとに生活に役立つ新しい車の開発プランを話し合い，今後の車づくりの方向性について理解することができる。

導入	・これまでの学習を振り返り，車社会の問題点や消費者に求められる車について目を向けさせる。
展開	1　車社会の現状についての資料を見ながら，「生活に役立つ」とはどういうことかを考えさせ開発プランを練る。その際，考えを整理しやすいようにビジネスプラン用ワークシートを使う。グループごとにプランをまとめ発表する。 2　出された開発プランを見ながら，これからの社会に求められる車作りの方向性について意見交換をする。安全性，環境保護，資源リサイクル，使いやすさなど，さまざまな観点で検討する。
終末	1　学習内容を振り返り，どの開発プランがよかったか評価する。 2　評価を発表し合う。ほかのグループのプランのよさ，新しく得た情報について発表する。

将来設計能力…生活に役立つという視点で，新車開発プランを提案することができる。

情報活用能力…自動車会社の新車開発の方向性を知り，自分たちの生活とのかかわりを考えることができる。

ネタ21 職場訪問の体験学習

・自分の将来の夢や希望とのかかわりがありそうな職場を訪れ、実際に職場体験をする。
・言葉遣いや態度など、働くときに必要なコミュニケーションやマナーを身につける。

職場訪問体験学習の実践例です。多くの中学校で実施されている職場訪問が、小学校でも学校で行われ始めています。

職場訪問では、実際に働く体験をしたり、働く人たちとふれあうことを通じて、仕事のやりがいや喜びを体験することができます。自分の将来像を具体化し、前向きに目標に向かって努力していく態度を養うために、職業体験は有効な方法の一つです。

実践 「働く体験をしよう」　小学校六年・道徳・家庭・全六時間

東京都江戸川区立篠崎第三小学校の小松良子先生たちの実践です。地元商店街や公共機関、農家などと協力関係を築いている学校の強みを生かして、職業体験を実施しています。職場体験に先立って、働くことの喜びについて考えさせる授業を行ったり、訪問先選びやマナー学習などを行っています。働くこと、生きること、助け合うこと、いのちなど、子どもたちが感じるところは非常に多いようです。

単元計画

①働くってどんなこと？（道徳）……一時間
②働く場所を決めよう……一時間
③事前のマナー指導……一時間
④働く体験をしよう1……一時間　※本時
⑤働く体験をしよう2……一時間　※本時
⑥ホスピスのお医者さんの話を聞こう……一時間

この学校では、全校一丸となって「いのちの学習」というテーマに取り組んでいます。地域での職業体験は、その一環として位置づけられています。

このように、それぞれの学校が掲げている教育目標や「めざす子ども像」の中に、キャリア教育のねらいと一致する部分を上手に組み込んで、実践の時間を確保していくことも大切なことです。

働く体験をしよう

■職場体験 1
地元商店街のお店で働く体験をする。
<訪問先>
青果店、惣菜点、精肉店、魚屋、化粧品店、洋品店、金物屋、薬局、酒屋、そば屋、花屋、スーパーマーケット、コンビニエンスストアなど18箇所

■職場体験 2
地域の施設で働く体験をする。
<訪問先>
保育園、図書館、農家、消防署、特別養護老人ホーム、鉄道・バスなど交通機関、障害者授産施設、区役所など18箇所

<活動内容>
・商品知識や接客方法、店内整備などのやり方を学び、各店で実際に行っている業務をやってみる。
・学校に帰ってから、自分が行ったお店の人にお礼の手紙を書く。

（三村隆男『図解　はじめる小学校キャリア教育』実業之日本社　70～83Pより）

第3章

中学・高校の
キャリア教育のポイント

中学校のキャリア教育の授業づくり

中学校段階の三つのポイント

中学校段階でのキャリア教育のポイントを三つあげたいと思います。

①キャリアアンカーの自覚

まず第一は、職業観の育成すなわち「キャリアアンカーの自覚」です。自分が将来、何をしたいのか、なぜ働きたいのか、働くことで何を実現したいのか、社会の中でどんな役割を果たしていくのかといった、キャリアアンカーの形成がポイントといえます。

中学生は、まだすぐに具体的な職業を選んで就職する年齢ではありません。ダイレクトな職業選択をさせるのではなくて、自分は仕事をすることによってどんな価値を実現していくのか、自覚を促すことが基本になります。

その方法として、(1)エンカウンターの手法などを用いた内省する価値づくり（自分づくり）の支援と、⑵多くの学校で行われている職場訪問体験学習の二つがあげられます。

②コミュニケーション能力の育成

中学校のキャリア教育で大切にしたい第二は、「コミュニケーション能力の育成」です。この時期の子どもたちはコミュニケーション能力が非常に問われる時期です。とくに友人関係で苦しんでいる時期でもあるので、学校生活を送るうえでもコミュニケーション能力が非常に重要になります。人間関係で苦しむこの時期にこそ、コミュニケーション能力を育んでほしいと思います。

そのために有効なのが、構成的グループエンカウンター、ソーシャルスキルトレーニング、グループワークトレーニング、ピアサポート、アサーショントレーニングなどの技法です。これらを取り入れて道徳や特活を充実させる方法、総合的な学習の時間に半年から一年の単元を構成するなど専用のカリキュラムを作って取り組む方法があります。

③擬似的な職業体験

中学校のキャリア教育で大切にしたい第三は、擬似的な職業体験に取り組むことです。例えば、企業や社会の課題に擬似的に取り組み、現実が抱える複雑さや面白さ、そこで必要とされている力に気づかせていくのです。むずかしいことですが魅力的なキャリア教育の授業の開発がいっそう求められています。

キャリアアンカーの自覚を促す「職場訪問体験学習」

職場訪問体験学習の先進的な地域といえば兵庫県です。兵庫県では平成十年から「トライやるウィーク」として、中学二年生全員が一週間、班単位で一箇所の職場や福祉施設などへ行って、実際に活動を体験しています。例えば、農業や漁業、林業等の「勤労生産活動」、地域のいろいろな職場での「職場体験活動」、絵画や音楽、地域・郷土芸能に関する「文化・芸術創作活動」、福祉施設等での「ボランティア・福祉体験活動」があります。

次に職場訪問体験学習に力を入れているのは富山県です。富山県では平成十三年から、県内の全中学校で、「十四歳の挑戦」と題して、五日間の職場体験学習を実施しています。

私も中学校段階でキャリア教育を導入するとなれば、やはり五日間くらいの体験学習は必要だと感じます。文部科学省では、「キャリアスタートウィーク」として中学生が五日間の職場体験をすることを、平成十七年から全国の一三七市町村で始めていますが、それはこうした兵庫県や富山県での先行する実践の流れを受けてのことなのです。

富山県の地域力が支える「十四歳の挑戦」

ここでは富山県の実践を取り上げます。富山県といえば若者たちの職場への帰属意識が最も高い地域の一つといえます。高校卒業後の就職者の定着率や、進学者を除いた高卒者の就職率が日本で一番高いと言われていることからわかります。

この要因としては、まず北陸地方全般で共働きの家庭が多く、子どもたちは両親がそろって働いている姿を小さいころからたえず目の当たりにすることで、「大人になれば働くのはあたりまえ」という感覚を身につけると思われます。そういう感覚も若者たちの職場離れを防いでいるように思います。

またもう一つは、富山県の先生方の実直さがあげられます。北陸の先生方は一般的に熱心な先生が多いように思います。先生方の進路指導・キャリア教育も個々の子どもへのかかわりが非常に濃密に行われ、職場への定着率が高くなっているように思います。

そういった地域だからこそ、富山県も県全体を上げて、職場訪問体験学習に全力で取り組もうとする姿勢を示すことができたのであろうと思います。

五日間だから育つキャリア意識

富山県では以前から週一～二日の職場体験学習を、職業選択に直結することを目標として行ってきました。そこで「社会のルールを学ばせる」「学ぶこと働くことの必要性や意義をじっくり感じさせる」「あいさつや言葉づかいの大切さを学ばせる」などより本格的なキャリア教育となることをめざして、週五日の職場訪問体験学習に取り組んだのです。

その結果、多くの先生方は、「生徒たちが自分を見つめて、人間的な成長を遂げている」という感想をもたれたようです。

例えば、保育園に職場訪問に行った生徒たちが、職場体験を終えて帰るときに園児たちから「お姉さん、ありがとう」と大きな声で言われたことがあったそうです。彼女たちは「本来は職場体験をさせていただいたのだから、自分たちが園児に感謝しなくてはいけないのに、園児から感謝してもらえた」と、感動的な体験を通して働くことの喜びを感じたといいます。つまり園児たちに一生懸命にかかわっていくことは、園児たちに笑顔を生み、園児たちの笑顔が自分が働く意欲につながっていくということを肌を通して感じたわけです。このような経験を通して子どもたちは成長をしていくのです。実際に保護者の方々も、「こんなに熱心な子どもの姿は久しぶりだ」と感じておられたようです。

最初は職場での仕事がうまくいかなくて、「私にこんな仕事は向いていない」と涙を流していた子どもたちもいたようですが、そんな子どもの姿を見て、家族が一丸となって励ましたりしているうちに、家族にとってもいい影響が表れ、子どもたちの成長につながっていくことがあるようです。つまり、五日間にわたる職場訪問体験学習が、家庭の語らいのテーマになることを通じて、親子のふれあいのいい機会になったといえるでしょう。

当然ながら職場訪問体験学習では、地域の協力が不可欠ですから、地域ぐるみの子育ての一歩も踏み出すこともできたのではないかと思います。

小規模校ならではの職場体験学習～荒川区立第四中学校～

次に、職場訪問体験学習に、ひと工夫を加えている例として、荒川区立第四中学校の実践を紹介します。まず職場体験学習で大変なのは、受け入れ場所の確保です。荒川区立第四中学校では、生徒たちの希望を調査したうえで、校長先生をはじめ職員の先生がたが各事業所とねばり強く交渉して確保しました。

荒川区立第四中学校の実践で特に私がいいと思ったのは、石黒校長先生が、「生き生きと働く大人の人たちに出会ってほしい」という願いのもと、「一人一人の子どもがほんとうに関心をもち、自分が選んだ職場での職場体験」を実現している点です。

「生き生きと働くおとなの人たちに出会ってほしい」。これが今回のキャリア教育プログラムでわたし（編集部注　わたし＝石黒校長）がもっとも望んだことです。

職場を体験するということは、社会の中で働くプロフェッショナルの仕事にふれることです。それは生徒たちにとって多くの意味があります。まず、自分の能力を生かして社会や人の役に立つということ、そのために自己の能力を高めようと努力すること。またプロだからこそ持ち得る技術を間近に見ること、そこから生まれる成果があることなどです。

働くことに生きがいを感じ、多くの人と助け合いながら充実した日々を送ることは、それそのものが「生きていくこと」にほかなりません。お金を稼ぐだけにとどまらない、働くことの意味や人生のモデルとして、その姿は生徒たちの目にきっとまぶしく映ることでしょう。キャリア教育は、将来就きたい職業を見つけたり、早い時期から職業意識を持たせたりといった以上の意味があります。

仕事は楽しいことばかりではありません。ときには挫折をしたり、思いどおりの結果を出せないこともあります。また、自分の希望とは違った立場で働くこともあるでしょう。しかし、たとえ思い通りにならなくても、その中に喜びを見つけ、自分なりの工夫や努力によって成果を出していくことも大切なことです。それこそが自分を高めることにつながるでしょうし、その気持ちや姿勢が、夢を実現させる力になっていくに違いありません。（後略）　石黒康夫「JOB　JOB　2006　Vol．1」二九頁より

何よりの魅力は、中学二年生が二十二人という少人数の実態を生かし、一人一人が自分のほんとうに希望する職場を体験できていることです。いろいろな職場があふれている都心に学校があることも大きいですが、大規模校でもできることは、していただきたいと思

います。

たいていは、職業を体験できる場所は限られています。自分の気持ちの動かない職場に行っても、体験の成果は半減するでしょう。荒川区立第四中学校では、三省堂やイトーヨーカドーなど、まさに中学生が興味をもつ仕事を体験できています。興味のある職場に、自分で選んで行けて、しかも一つの職場に一人で行かせているところがすばらしいところです。なぜなら、同じ職場に数人の生徒で行くとどうしても甘えが出ます。一人で行くことは、大人として試練に立ち向かい成長するチャンスを得ることができるのです。これは石黒校長が言う、『君はどこかでヒーロー・ヒロイン』を合い言葉にした「一人一人に目が届く教育」のすばらしさです。教師一人に対して生徒が七人だからこそ可能になるきめ細かい実践です。

荒川区立第四中学校でもう一つすばらしいことは、生徒たちが職場体験をするだけではなく、体験先の方に取材をして紹介記事をフリーペーパーにまとめていることです。さらに取材するときのマナーや技術、記事の作成・編集など、事前事後のトータルな指導が行われているのもすばらしい点です。

飼育係は
命を預かっている

荒川区立第四中学校が
まとめたフリーペーパー

葛西臨海水族園

伊藤三三夫さん仕事語録

1 水族館の仕事では7年、そして水産関係では20年以上やっています。

2 この仕事を選んだ動機や理由は、東京都でたまたま水産関係の採用試験があったからです。

3 資格は、入る前はいらないが、水産関係の仕事に就いてから取る資格はたくさんあります。学歴は水産を学ぶ大学で勉強した人が適しています。

中学生による中学生のための職場情報誌

ジョブ★ジョブ

2006 SPRING

job job

Daiyon Junior High School

荒川区立第四中学校

CLOSE UP!

クローズアップ！

仕事人

植物を扱うので
いつも優しい気持ちで

木村勝久さん　フラワーガーデンキムラ　店主

オリジナリティを
出すことが大切

副田陸児さん　三省堂書店（神田本店）　副店長

例えば、質問を考える、質問のコツを覚える、あいさつや自己紹介をしっかりする、目耳鼻を駆使して言葉以外の情報を収集するなど、本物の雑誌記者に本物の作り方を学んでいます。これは雑誌記者という仕事を体験することにもなり、生徒は結果的に二つの職場を体験できたことになります。

こうしてプロ並みのインタビューをして記事を作り、プロ並みのフリーペーパーにまとめていくことは、一人一人の情報活用能力を実地に鍛えることにもつながります。職場体験に加えて、自分の体験を他人に伝えるために、世界で唯一の自分たちの雑誌を作るというこの体験学習はかなり大きな自信につながるだろうと思います。

内省を促すエンカウンター～岩倉市立南部中学校～

キャリアアンカーの自覚を促すうえで、職場訪問体験学習と並ぶ重要な実践は、内省による価値づくりです。小学校段階では、あまり内省的なキャリア教育を行いすぎると、意識過剰になりすぎて、頭でっかちでスケールの小さい子どもを育ててしまうことが心配されます。小学生にはむしろ、考える前に動くこと、何かに無我夢中で取り組むことが何よりも重要だと思います。

しかし中学校ぐらいになると、内省的なキャリア教育、つまりグループエンカウンターをはじめとするサイコエジュケーションによって「自分を見つめる」という実践に取り組むことの意義も次第に大きくなってきます。

その実践の一つとして紹介したいのが、岩倉市立南部中学校等で行ってこられた（現犬山市立城東小学校教頭）の岩田和敬先生の実践です。岩田先生は、中学二年生の総合的な学習の時間のテーマとして「自分」を掲げ、その内容にライフスキル学習（薬物や喫煙飲酒から自分の健康やいのちを守る学習）、ソーシャルスキル学習と並んで、キャリア学習という柱を立てて取り組んでいます。

一学期は、全七時間のうち五時間をキャリア教育にかかわる実践にあて、自己分析を中心に展開しています。例えば三時間にわたり「ＰＡＳカード（進路適性検査）」とそれに連動した「パスカル（進路学習ノート）」とを使って自己分析をします。まずパスカルの進路すごろくなどをして、自分の進路のこと、卒業後のことを考えてみます。次の時間に「ＰＡＳカード（進路適性検査）」を行ってから、次の時間に結果をパスカルにはり込みながら、

「進路に関係づけて自分を見つめてみる」実践を行っているのです。テストをもとにサイコエジュケーションにつなげられるツールをうまく活用して自己分析に取り組ませていきます。

二学期は、職場体験をはさみながら、将来の進路希望や進路計画を実際に立てさせます。まず現在の自分の時間管理について考えさせたり、厚生労働省の職業適性検査を使って自分の進路について考えさせたり、自分史を使って自分の過去を振り返ったりさせます。そして八時間分の職場体験を経たあとで、二学期の最後に自分のキャリアプランを立てさせるのです。(『指導と評価　二〇〇五年　一二月号』)

その後の三学期は、「人間関係をよくするコツ」「自己表現をしよう」としてソーシャルスキルの内容を主に展開し、コミュニケーション能力の育成に取り組んでいます。

さらに三年生になると、二年生の内容を踏まえて、愛知県立岩倉総合学校に全員が体験入学をし、名古屋芸術大学音楽学部への全員体験入学も行っています。近隣の大学と連携したり、実際の職業人を呼んで進路学習会をしたりなど、具体的な実践につなげているのです。

職場体験訪問学習は、それをただ単発で行うだけではあまり意味がありません。この実践では、職場体験の前後に自己分析を行ったり、大学への体験入学を実現するなどして、子どもたちの進路意識が高まってくるさまざまな工夫がなされている点がすぐれています。

内省的なキャリア教育では「書けない子」への対応も大切

小学校の章でも述べましたが、内省的なキャリア教育は行きすぎてしまうと、頭でっかちで、実際には動くことができない子どもを育ててしまうことにもつながりかねません。内省のやりすぎには注意が必要です。

もう一つ注意したいのは、自分についていくら考えても何も書けない子どもたちの存在です。特にキャリアに関しては、大学生でも、「まだ決まっていませーん」「まだ考えてませーん」と言う学生が多いのが現状です。中学校の段階で、まだよく考えていない子どもたちがいるのも当然です。そのような子どもたちをあまり追い詰めないようにしたいものです。考える中身が育っていないのですから、いくら考えても「何も書けない」「何も言えない」のは当然です。書けないことを教師が責めると、子どもは自己否定的になってしまって、キャリアのことを考えること自体に嫌悪感を抱きかねません。

具体的な職業が思い浮かばなくても、「いま夢中になれるものはどんなもの？」「はまっているものは？」「やっていて楽しいことはどんなことかな？」などと、将来の職業意識につながる種を発見できるような補助的な問いかけを教師が行っていくことが有効です。

キャリア教育の先進校による極上の擬似的な職業体験〜福岡市立長尾中学校〜

福岡県福岡市立長尾中学校は、平成二年度から文部省（当時）や福岡県の指定を受け、長年にわたり進路指導に取り組んできた学校です。

その長尾中学が、平成十四年から十六年にかけて文部科学省や内閣府による各種キャリア教育の基本指針を受けて、いっそうの充実を図っています。まず福岡市がキャリアスタートウィークを実施することになったのを受けて職場体験学習を実施しています。とくに総合的な学習の時間で展開している「ハートフルタイム（全学年）」の中で二年生が三か月かけて行う「起業家学習」に注目して、ご紹介します。

同校ではこれまで道徳の時間や学級活動で「生き方の探求」に取り組んできました。しかしそれを発展させる場がなかった点を見直し、生き方学習の関連づけ・まとめ・発展と、さらなる生き方あり方の探求を図るため、総合的な学習の時間の中に、「ハートフルタイム」を創設しました。勤労観・職業観を確立し、生き方の自覚に働きかけるためには、生き方教育としてのキャリア教育の充実が必要であると考えたからです。

このハートフルタイムは、「一人一人の道徳性の育成を支援するとともに、キャリア形成を促すために設けた時間」と位置づけられています。各学年、年間三五時間程度を目安に、構成的グループエンカウンターやディベート学習などを通じて一人一人の自尊感情を高めていきます。人を思いやる心を育てる分野と、勤労観・職業観を育てる分野の二系統で構成されています。

起業家学習の実践

二年生で行われる「起業家学習」は、これからキャリア教育の充実をめざす学校にとって参考となる点が非常に多いと考えられますので、ぜひ紹介したいと思います。キャリア教育の実践例としてしばしば見られるものに、パソコンを活用した商品開発プラン作りな

指導計画 (35時間扱い)

※参考教材「起業を考える　仙台市起業教育テキスト」

学習テーマ	学習内容
1　社長さんってどんな人（3 h）	さまざまな起業家の話を聞いたり調べたりして，会社には，社会で何をしたいのか，社会をどうしたいのかといった「志」があることを考える。
2　会社について考えよう（2 h）	既存の会社の例から，一般の会社組織の成り立ちを学習する。会社とは何か，会社を運営するには何が必要かを考える。
3　ヒット商品の秘密を探ろう（3 h）	世の中で売れているヒット商品について調べ，その理由を考える。
4　会社を設立しよう（1 h）	グループ分けを行い，会社の中での役職名とその役割を洗い出し，それぞれの担当を決める。
5　商品（サービス）を開発しよう（2 h）	商品・サービスとして，テーマ（題材）を生かした商品・サービスのアイデアを考える。
6　事業計画をつくろう（2 h）	販売する数や売上金額の目標を考え，どのくらいのコストがかかり，さらに，どのくらいの利益が出るかを考える。また，いつまでにどの段階まで進めるかという，仕事のスケジュールを立てる。
7　商品をつくろう（8 h）	商品製作の手順・方法を学び，商品の製造を行う。店舗装飾と宣伝物の制作を行う。
8　商品を販売しよう（2 h）	販売の実践を行う。販売実績を記録し，値引きなどが生じたときは，集客への影響がどのようにあるかなどを体験させる。
9　決算をしよう（1 h）	決算とは何か，決算の実施方法を学ぶ。売り上げと利益を発表し合い，なぜこういう結果になったのかを考える。
10　残ったお金をどう使うか考えよう（1 h）	利益とは何かを学ぶ。利益の適切な活用方法を考える。
11　これまでの活動を振り返ろう（1 h）	これまでの内容の振り返りを行う。販売の結果，目的や目標に則しているか，商品の値段などは適正だったのかなど，評価を行う。
12　商品を見直そう（1 h）	商品が，もっとお客さんに喜んでもらえるように，ほかに工夫できるところはないか考える。
13　プレゼンテーションの準備をしよう（2 h）	自分たちの活動をまとめ，説明するための発表方法を考える。説明にあった発表形態を工夫する。
14　プレゼンテーションをしよう（本時①）	役割分担を行い，決められた時間内でプレゼンテーションを行う。参加者からは簡単な評価と感想を集める。
15　パネルディスカッションをしよう（本時②）	パネラーなどの役割分担を行い，これまでの活動を通して気づいたこと，起業家として必要なものをまとめ，発表する。
16　地域の未来のために何ができるか考えよう（8 h）	商店出店による地域の変化を学び，地域の未来のために何ができるのかを考える。

どのバーチャルな起業家体験学習がありますが、長尾中学校での実践は、それと一線を画す内容のものです。会社設立をテーマとして、実践的な要素もかなり含まれています。

この起業家学習は、十月のバザー出店をめざし、一グループ五千円の資本金を元手に、企業を興し、会社経営、商品開発、仕入れ、出店・販売、決算、振り返りなど、かなり現実の企業活動に忠実に取り組ませていきます。

これを総合的な学習の時間で全三五時間の起業家学習の単元としました（前頁参照）。単元のねらいは、「会社経営演習を通じて、①起業家精神（チャレンジ精神）・創造性の育成と、②起業家的資質（リーダーシップ、実行力、決断力）ならびに求められる能力（コミュニケーション能力、チームワーク力、情報収集能力、情報分析能力、判断力、問題解決能力、表現力、プレゼンテーション能力）の育成」となっています。

とくにキャリア形成の視点で注目したいのは、役割に関する能力と自己評価に関する能力を育てることを重視している点です。

役割に関する能力の育成については、会社での役割を理解するために、部門別代表者会をもち、それぞれの役割に関連した活動を行います。また組織の仕組みを理解するために、自分の仕事に関連する手続きを系統的に行っていきます。これらを通して、よりよい集団のための役割分担やその方法について学ばせています。

自己評価の能力の育成については、出店までの活動で見えてきた課題を話し合って整理させたり、自分の個性や適性、課題に取り組む態度を振り返らせたりすることで、自分の長所短所を知って、今後の努力に結びつけていくことを学ばせています。

ほんとうに会社経営ができてしまうほどの現実的な内容

まず導入として起業家精神を学んだり、ヒット商品について調べたりして、これから取り組む活動の下地をつくっていきます。

例えば、第二次二時間「会社について考えよう」では、「世の中にはどんな仕事があるのだろうか」「会社をつくるには何が必要だろうか」「どのような会社をつくりたいか」「会社に必要な役割は何か」「社長に必要な資質は何か」と、徐々に会社経営へのイメージを焦点化して考えさせ、第三次三時間「ヒット商品の秘密を探ろう」では「ヒット商品を探そう」「そのヒット商品はどのような発想で生まれたのか」「人がその商品を利用する理由は何か」「自分が便利だと思うヒット商品は」「その商品のいいところは」「そのヒット商品の恩恵は」といったことを考えさせています。

次に、グループ分けをして会社を設立→商品・サービスアイデアの企画→事業計画書作成→原材料の仕入れと商品製造→店舗装飾と宣伝物制作という流れでカリキュラムは進んでいきます。ワークシート「会社を設立しよう」をご覧いただければ、この実践のリアリティーがご理解いただけると思います。

とくに驚いたのは、お金の管理を中学生たちがきちんと行っていることです。使ったお金は領収書をもらい、出納簿につけて決算を行うという、企業経済活動の基礎を彼らはここで実地に学んでいます。

ところで出店内容はあらかじめコースと指導者を決めてあります。コースはアクセサリー、お菓子、スポーツ、映画、人形劇、鉢植え、紙製品、竹製品、木工製品、布製品の全十コースで構成されています。

③　社長にはだれがいいだろうか？

まずは自己紹介をし、それをもとにだれが適任かを考えてみましょう。
※自己紹介の際、「こういう会社をつくりたい」とか「自分の得意なこと」などを述べましょう。

ぼくはスポーツゲームがおもしろそうだったのでこのコースにした。 しっかり発言などして客が楽しかったと思える店にしたいと思う。

適任者と思われる友達	

④　「会社」組織を作ろう

前時に、会社に必要な仕事・役割について考えました。自己紹介をもとに、この会社に必要な仕事・担当者を考えましょう」。

役職名	実際に必要な仕事の内容	担当者
社　　長	全体のまとめ役	
企　　画	内容の検討	
商品開発	商品をつくる	
広　　報	ポスターをつくるなど	
販　　売	商品を売る	
経　　理	店の経理	

ワークシート「会社を設立しよう」　※記入例

（７月１５日）　　　　　　　　　　２年　　組　　番　氏名

①　会社を何のためにつくるのかを考えよう

皆さんがこれから行う活動を「何のためにするのか」考えましょう。

> 将来の自分に少しでもやくにたつため。
> 働くための心がまえを知るため。
> バザーでもうけを出すため。

②　どんな会社をつくるのか？

みんなでどんな会社をつくるのかを考えてみましょう。

> 明るく楽しい会社
> お客さんがまた来たいと思える会社
> スポーツに関係すること

振り返りから未来の自分への気づきへ

同校の起業家教育のゴールは販売体験ではありません。全活動を通して気づいた課題について意見交換をし、自分自身の個性や適性、取り組みの態度を振り返って、最終的には、「地域の未来のために自分には何ができるのか」を考えさせるところまで、しっかり押さえてあります。ここに、このカリキュラムのすばらしさがあるといえるでしょう。

活動を終えた子どもたちは「もっと実用的なものを作って安くしないと売れないと思った」「実際に出店販売すると、お客さんの声が聞こえるのでたいへんだった」「自分の作った商品が売れたときは、ほんとうに感動だった」という、貴重な気づきを得たようです。

「販売活動を経験することによって、接客時の言葉遣いや態度などの大切さを多くの生徒が実感できた」という教師の振り返りから、ソーシャルスキルを身につけさせるよい機会になっていることがうかがえます。

高校のキャリア教育の授業づくり

高校段階での三つのポイント

中学校段階でのキャリア教育がキャリアアンカーの形成を主眼に置いたものであるのに対し、高校段階になると、より具体的かつ現実的なものが求められてきます。その際、自分には何が向いているか、どんな適性があるのか、職業ごとにどんな個性が求められているのか、自分の個性を自覚して職業の特性とマッチングしていくことが必要となってきます。

埼玉県・武南高校で教育相談主事を務める吉田隆江先生は、「進路・職業選択は自らのライフスタイルを決めることであり、『好きなことは何か（職業興味）』『したいことは何か（欲求・価値観）』『できることは何か（能力）』を自問自答し続けることがキャリア教育の根幹であり、それはすなわち生き方教育そのものである」と言っています。

高校段階では、キャリアアンカーやキャリアデザインを頭で考えるだけでは不十分です。

自分の体をはって行動し、その中で自分には何が向いているのか、発見させることが大切です。最初はとくに関心がわかずに、たまたま取りかかってみた仕事でも、それにコツコツと取り組んでいるうちに、案外自分に向いていることに気づいたり、思わぬ才能が開花したりすることはよくあるものです。

例えば神奈川県立大秦野高等学校では、全期を通じたインターンシップに取り組んでいます。働くことはイベントではない、地道に取り組むものだという、仕事の本質を見事にカリキュラムに反映させている例です。

次に高校段階でのキャリア教育のポイントを三つあげます。

①具体的な職業イメージを抱く

小学校では夢見る力、中学校では自分の職業についての価値意識、キャリアアンカーを自覚しました。高校生になると、いよいよ自分がどんな職業につきたいか、具体的にイメージを抱かせる必要があります。

さまざまな職業にふれることを通して、自分はどんな仕事につきたいのか、そしてどんな学校に行けばそのためのスキルが身につけられるのかを、具体的に考えていくのです。

②プチインターンシップ

中学校段階では、擬似的な起業家学習に取り組んでみたり、職場訪問学習をして、軽いお手伝いをしてみたりということをやってきました。高校段階では、実際にある程度責任をもって仕事を任せられる体験が必要になってきます。プチインターンシップとでもいえるような、軽いインターンシップ的な活動に取り組む必要があるのです。

大学生のように、一か月にわたって実際に社員になって仕事をするということはできません。けれども、例えば二週間だけでも、軽い責任をもたされた仕事に実際に取り組ませてもらうことが必要でしょう。

工業高校や商業高校などでは、このインターンシップ的な活動が重要な意味をもつことは言うまでもありませんが、私の考えでは、普通高校でもインターンシップ的な活動をもっと取り入れていったほうがいいと思います。働くことの喜びを実感させることが、将来なりたいものへの意欲を高めることになり、それがひいては学力の向上にもつながって、受験勉強にも身が入っていくようになるからです。

③なりたい人に実際に会いにいく

高校生ぐらいになると、実際にどういう仕事につきたいのか、どういう人生をつくり上げたいのかが多少なりとも具体的にイメージされ始めます。その際に「自分もこんな人生を生きたいなあ」と自分の人生のモデルとなる人を見つけることが、高校生や大学生の大きな課題となります。高校の修学旅行などの際に、自分の夢を実現した人やこんなふうになりたいと心の底から思える人に実際に会うことができるならば、人生においてこれほど大きな刺激になるものはほかにありません。

例えば私の場合、高校三年生のときにカウンセリング心理学の大家、國分康孝先生に手紙を書いて、返事をいただきました。國分先生との生のふれあいを通して、私は将来カウンセラーになりたいという気持ちを高めていったのです。

自分のあこがれの人物との生のふれあいをもつことは、キャリア形成への意欲をグンと高めてくれます。これが高校生の時期の大きな特徴だと思うのです。

生徒指導の王道。自発性主体性を育てる本気のキャリア教育～静岡県立松崎高校～

高校でのキャリア教育のポイントとして、「具体的な職業イメージを描く」「プチインターンシップ」「なりたい人に実際に会いにいく」の三点をあげました。この三つの要素をすべて満たしながら、きわめて優れたキャリア教育の実践を行っている学校が、静岡県立松崎高校です。私がたいへん感動した実践の一つです。

この学校の実践で私がいちばんすばらしいと思うのは、生徒指導の基本である「生徒の自発性や主体性」を徹底的に尊重しているということです。「生徒の自発性・主体性を尊重する」といっても、単なるお題目のきれいごとのように受け取っている方が少なくありません。教師が何もしないことであるかのように誤解している方もいます。

しかし松崎高校の実践は、教師がものすごい時間とエネルギーと労力をかけ用意周到に準備し、しかも徹底的に陰に回ることによってはじめて、生徒の自発性や主体性がほんとうに生かされるということを教えてくれるすばらしい実践だと思います。

さかのぼること六年前。以前は生徒指導で苦労をしていたこの学校を立て直すきっかけとなったのが、生徒指導と進路指導を同時に進めた取り組みでした。

当時の進路指導の推進役は進路課長である新井立夫先生（現・文教大学情報学部専任講師）です。この方は大手ゼネコンに六年間勤務したあと、静岡県の教員になったという経歴の持ち主です。

この新井先生が中心になって、まずルーズソックスと茶髪を本気で禁止するという方針を打ち出しました。これまで見逃されていた服装の規則を徹底することに、生徒たちはもちろん保護者まで「厳しすぎる」と反発する方もいたようです。しかし服装やあいさつを高校生活で身につけておくことが、企業訪問や面接で生きてくるということを新井先生はPTAを巻き込んで本気で訴えました。「見た目も実力のうち」が新井先生の口癖です。「教師はなんとなく生徒とつきあっているのではない。本気でかかわっているのだ」という妥協しない姿勢を見せることから、この学校の実践は始まっています。

松崎高校の実践の四つの特色

この高校のキャリア教育の第一の特色は、入学直後に進路意識を具体的に抱かせる点にあります。新入生を入学後すぐに一泊二日の集団宿泊訓練に連れていき、あいさつなど学校生活の基本を教えるとともに、自分が目標とする企業や大学を具体的にイメージさせていくのです。これにより「高校生活は、自分が将来入りたい学校や職場に進むためにあるのだ」ということを、入学後すぐの一泊二日の宿泊訓練で伝えています。そうすることで高校生活の位置づけが明確になるわけです。

生徒指導は入学直後のスタートダッシュが肝心です。私が見たところ、これが本気で生徒指導に取り組んでいる高校に共通する特徴です。

この学校の第二の特色は、一年次から、生徒の自主性に任せた企業訪問を行わせている点です。

就職希望者全員が自分で訪問先を決めて、自分で企業にアポイントを取り、夏休みや春休みを利用して企業訪問を行うのです。最初は電話の応対も手紙の書き方もうまくいかないのですが、自分で取り組んでいるうちに、徐々に身につけていくようです。

生徒が全力で企業訪問をするために、教師は黒子に徹して準備を整えます。生徒が企業にアポイントを取る前に、教師が前もって「うちの生徒が連絡をしますので、よろしくお願いします」と、その企業に連絡を取っていくのです。

黒子に徹すると言っても、単にちやほやするのではありません。教師が事前に連絡をしたとき「高卒は採用しないから断る」と企業に言われた場合も、「それを生徒本人に直接言ってくれませんか」と言って、厳しい現実を企業の人から伝えてもらうようにお願いします。そのほうが企業の厳しさを身をもって感じられるからです。

スタートダッシュの集団宿泊訓練で希望を抱かせた後に、このような生の社会とふれる体験を十分にさせ、「社会は甘くはない。相当厳しい」ということに気づかせる。これがすばらしいと思います。

この学校のキャリア教育の第三の特色が、徹底した勤労体験です。

一年のときにさっそく、地元企業十五社で勤労体験学習をさせています。学校側の事前指導が非常に徹底しているため、スーパーなどの接客業でも、企業は生徒をすぐに売り場に立たせられます。地域からの信頼を得ているのです。そして二年生になると、静岡地区を中心に、いろいろな大学・短大・専門学校などに講義を受けさせにいかせます。

第四のすばらしい特色は「進路ガイダンス」です。進路ガイダンスは一度に二十人近くもの講師を呼んで、年に一回開催します。このような大がかりなことを、テーマ選びから当日の講師の誘導や司会進行なども含めて、すべて生徒自身に取り組ませるのです。だからこそ生徒から鋭い意見が出てくるそうです。

進路ガイダンスの実施例（2002年10月18日、2年生を対象に実施）

コース・職種	担当講師（敬称略）と講義テーマ
国際・コミュニケーション	富士常葉大学教授　小池理絵 国際社会におけるコミュニケーション
商業・経済・経営	産能大学教授　平野信介 21世紀の日本と証券業の役割
情報・テクノロジー	湘南工科大学工学部講師　本多博彦 現在の情報工学テクノロジー
教育・文学	常葉学園大学教育学部講師　中村孝一 教育について語ろう
保育・幼児教育	東海大学短期大学部教授　前田瓔子 幼児の音楽
バイオ（栄養科学）	日本大学短期大学部助教授　上田龍太郎 栄養士・管理栄養士に向けた食品加工
介護・社会福祉	静岡精華短期大学助手　鈴木修子 介護福祉関係者をめざすために必要なこと
自動車整備	愛知工科大学短期大学部講師　長谷川康和 内燃機関の構造
看護・医療	湘南平塚看護専門学校　榊原武雄 看護体験することによって患者さんの思いに気づこう
理容・美容	窪田理容美容専門学校　川島治代 カットワインディング実習
ライフスタイル	辻調理師専門学校、辻製菓専門学校　分林真人 西洋料理実習
スポーツインストラクター	東京リゾートアンドスポーツ専門学校　鈴木理恵子 足首のテーピング
建築	読売東京理工科専門学校　黒羽義次 建築物のペーパーミニモデルの作成
芸術（音楽系）声優	代々木アニメーション学院　細野唯起雄 アテレコ実習
公務員	日本スクールオブビジネス　島崎孝 公務員の種類と準備
デザイン・マルチメディア	沼津情報専門学校　垣東秀夫 コンピューターグラフィックス体験
サービス・運輸・製造等	(社)日本産業カウンセラー協会　遠藤洋子 高校生の就職事情～いまから心がけること
事務・販売・営業等	(株)共立メンテナンス　山下宏行ほか 管理職が社員に望むこと
保安・防衛	自衛隊静岡地方事務所　永野健一ほか 日本の防衛，自衛隊の使命・あり方

学園祭の実行委員などをやると大学生もとても成長するものです。松崎高校の生徒たちは、ふつうであれば大学生レベルで初めて体験できるようなことを、企業訪問、勤労体験、進路ガイダンスと、高校段階でずいぶん体験させてもらっています。ここがすばらしいところです。

教師が黒子に徹し、生徒を大人扱いする

こうした実践の積み重ねがあって、同校では一九九九年以来、就職率百パーセントが続いています。しかもほぼ第一希望の企業から内定を受けたということです。内定先には東急、東京メトロ、コナカ、横浜ゴム、東京電力など就職ランキング上位の企業が並びます。

それだけではありません。キャリア教育に力を入れすぎると受験・進学の実績が落ちてしまうのではないかと懸念されることがあります。しかし、これだけ徹底して進路教育・キャリア教育をやることで、この学校では、四年制大学への入学率がこの取り組みを始める前の四倍になるなど、推薦入学を中心に進学率が大きく上がっています。

これは、キャリア教育を推進して、将来の夢をかなえるために自分は勉強するのだとい

う意識をもたせることができるならば、学力も進学実績も上がっていくという事実の、非常にわかりやすい実例といえます。

「子どもは子ども扱いをすれば子どものままにとどまり、大人扱いすれば成長していける」とよく言われます。その要が、生徒指導の基本原理である生徒の主体性・自発性ということです。松崎高校では、これを文字どおりに実践することで、生徒が成長しているのです。これこそ生徒指導の本道を行く実践だと思います。

将来なりたいものを見据える。自分がなりたいもの・行きたい学校・つきたい仕事をしっかり見つめさせる。これを入学直後の合宿で、「君たちは行きたい学校に行くことを通して、つきたい仕事につくことを通して、こうなりたいという自分を作っていくのだ。そしてそのために君たちの勉強はあるのだ」と位置づけを明確にすることで、学力もアップし、学校生活全体へのやる気もアップしていったのです。

しかも決して甘やかしてはいません。生徒の自発性・主体性を尊重するというといっけん甘い言葉に聞こえますが、とても厳しいことです。なぜなら、まだ十六・七歳の生徒たちを大人扱いするということだからです。生徒には大人しかできないような体験の中で厳しい現実に直面させ、精一杯のことをやらせる。教師はそのためにできるかぎり黒子に徹してお膳立てをするのです。これが生徒指導、人間教育の本道だと私は思います。

同校で行われている「引率者のいない修学旅行」も、生徒たちの自発性や主体性を基軸に据えて、生徒をできるだけ大人扱いしていくという、生徒指導の本道の実践です。しかしこうした実践には、どうしてもリスクが伴います。そのために、教師は守りを固め、惜しみなく自分たちの時間を費やしていく必要があります。先生方のこうした熱意に支えられてはじめて、この実践は可能になっているのです。

キャリア教育に必要な熱意と哲学

松崎高校の生徒が行った大手私鉄の採用面接で、「この会社は自分の人生の四十年をかけてもいい会社でしょうか」と質問をした生徒がいたそうです。この質問は、生徒の側に本気で人生を生きていこうという気構えがないと出てこない質問です。企業の人も驚いて、高卒は採用しないという前提をくつがえして採用をしたといいます。

前出の新井先生は、四十年後、五十年後の人生まで考え、いま何をしなければならないかを生徒たちに問うているそうです。先生方が情熱を込めて語りかけ続けてきたからこそ生徒たちに伝わっていきます。小学校と違って、このように「今後五十年にわたる自分の人生をどうつくっていくか。長い視点で自分の人生を考えていこう」というストレートなメッセージを与えるのが高校の進路指導の基本だと思います。

そのとき大事なのは、教師が一歩引いて、「君たちが自分の人生の主人公だ。われわれ教師は黒子に徹して、できることは全部やるから、自分の人生を有意義に生きていけよ」というメッセージを熱く語ることです。その姿勢がしっかり子どもたちに伝わっていることが、同校の実践でははっきりと感じられます。教師自身の教育哲学に基づいた熱意です。キャリア教育では教師の哲学が問われます。そのことを深く考えさせられる実践です。

預けっぱなしにしないインターンシップ～神奈川県立大秦野高校～

期間はまだ浅いのですが、いままさに充実したキャリア教育に取り組んでいるのが神奈川県立大秦野高等学校です。同校では、宍戸章子先生と学年団が中心となり、平成十七年度の一年生からキャリア教育を取り入れたカリキュラムを行っています。この学校のキャリア教育のポイントは、「プチインターンシップ」を何と通年で行っている点にあります。同校の二年生は、木曜日の二時から五時、ほぼ一年間に渡り「就労体験学習」を行います。約八十の事業所から、生徒たちは体験先を選び、一つの事業所に二人ずつ隔週で行きます。事業所に行かない週は、生徒たちは前回の振り返りや次回の準備を行ったりします。外部講師によるミニ講習会にも参加します。

通年で就労体験学習を進めることによって、体験で学んだことをキャリア意識の形成や日常生活に結びつけやすくなります。これは長くても一～二週間の集中体験方式では、なかなかできないことです。

また、事業所選定にあたって、①アルバイトでは体験できないところ、②十五種類の職場類型すべてを網羅すること、③専門家が多い・社会的視野の広まるところを念頭においたうえで、八十にもおよぶ事業所に協力を得ていることは特筆に値するでしょう。多種多様な幅広い事業所の協力を得たことで、生徒は自分の興味関心にそった選択ができますし、一事業所に同時に行く生徒の数も二名に抑えることに成功しています。

【就業体験学習の八十におよぶ事業所】

保育園、児童ホーム、デイケアセンター、病院、生花店、葬儀場、ホテル、写真館、自動車修理、市役所、公民館、神社、リサイクル工場、ＩＴ機器製造業、ビル管理、タクシー会社、バラ園、トマト園、酪農家、美容院、理容院、動物病院、ペットショップ等生徒の希望によって体験先を選ばせるときには、第五希望まで理由を添えて記入させ、しっかりした理由がある生徒を優先して決めていきます。希望に漏れた生徒には面談を行い、生徒と一緒に新たな体験先を探すこともあるそうです。面談のやりとりによって、生徒は自分自身や社会について多くの気づきを得ていくようです。

就労体験学習の工夫として、生徒たちが事業所に行く前に、教師による身だしなみチェックや注意事項の確認を必ず行うこと、生徒の欠席・早退・遅刻について細かく事業所に連絡することも欠かせません。特に一斉に多くの事業所へ生徒が行くとなると、教師の目が届かなくなりがちです。こうした細やかな配慮が生徒たちの気づきにつながるばかりでなく、日々の生徒指導にも波及していくのです。

事業所からは、生徒が体験学習に行くたびに、Ａ・Ｂ・Ｃの評価をもらって帰ってきます。Ｃの場合は、教師がすぐに事業所を訪問して改善に取り組みます。あまり多くはないそうですが、普段はまじめな生徒でも、「わからないことをわからないと言わない」「気が利かない」「声が小さい」などの理由でCをもらうことがあるそうです。このことからコミュニケーションの力をさらに身につけさせる必要を学年団の先生方は感じているそうです。

いっぽう、事業所の中には、体験中にお客さんが一人も来ない商店などもあります。教師は、そうした事業所に行った場合でも教育効果が上がるように、事業所にもさまざまなお願いをしていくそうです。

このように大秦野高校では、手間暇をかけて、教師が細やかな配慮をすることで、通年での就業体験学習を着実に実のあるものにすることに成功しています。

一年生から始まる本格的な取り組み

実は大秦野高校は、一年生でも特色ある取り組みをしています。

まず一つが、入学直後の仲間づくりやクラス目標づくりをめざした、コミュニケーションキャンプです。やはり高校での生徒指導は、入学直後のスタートダッシュがきわめて肝心。同様の実践は、松崎高校でも行っていました。大秦野高校でも、早い時期にクラスの生徒の名前を覚えることができると好評のようです。文化祭などの生徒会行事やボランティア活動も自主性が増しているようです。

特色ある取り組みの二つ目は、「産業社会と人間」（二単位）の時間をキャリア教育に焦点化して、全二五回のカリキュラムを組んでいることです。アメリカの大学院でキャリアカウンセリングを学んだ宍戸先生と、ホームルーム活動を通じてキャリア発達を支援する実践研究をされてきた関野浩子先生の経験が反映されているのでしょう。コミュニケーションスキルのトレーニングを取り入れたり、キャリア理論の紹介、さまざまなアセスメント、労働問題といった内容を体験型の学習で展開しています。

一年生の特色ある取り組みの三つ目は、やはり通年で毎週金曜日に二時間行う「体験学習A　二四講座」です。この時間には、地域の専門家、学識者、NPO、企業店主などから技術を伝授してもらうことを通して、自分の進路や適性を考えさせます。「絵手紙と生け花」「楽しい食文化」「理容美容ファッション」「バイクの分解・再生」「生涯スポーツ」「フラメンコ」などの内容があります。例えば「バイクの分解・再生」では、動かなくなったエンジンを分解して再び組み立てて、実際に動かすようにします。航空自衛隊で操縦士

17年度生の「産業社会と人間」

回	授業内容	回	授業内容
1	「産業社会と人間」を学ぶ意義 自分探しワークシート	13	産業構造の理解 「明治時代から現代までの産業構造の変化」
2	職業について考える 「ホランド (Holland) の職業選択理論」	14	職場のコミュニケーション 「係長と課長の会話ロールプレイ」
3	会社見学事前学習 「自分が夢の職業についている絵」を描く	15	広告について考える 「今日の朝刊の折り込み広告を分析する」
4	日立製作所エンタープライズサーバ事業部 会社見学	16	国際理解「貧困について考える」 国際連合 cyber-schoolbus 実験授業
5	「会社見学を振り返って」感想文 構成的エンカウンター「二者択一」	17	国際理解「日本と発展途上国との相互依存関係・グローバル化した問題の解決」
6	学問調べ 「上級学校で学べる学問69と生涯学習」	18	労働問題 「有給休暇と不当解雇」
7	資格と人生 「資格調べ1000と資格取得宣言」	19	求人票を見る 「データファイル作り」
8	人生の発達段階と発達課題 「ニューマン (Newman) のモデル」	20	労働問題 「最低賃金とサービス残業」
9	ジョブインタビュー事前指導	21	福祉社会を築くために 「福祉社会とは何だろう―人権尊重社会へ」
10	ジョブインタビュー報告会	22	福祉社会を築くために「福祉社会と自分とのかかわり　３人の詩を読んで感想文」
11	職業理解ビデオ鑑賞 「新規・成長分野の産業と職業 (医療・福祉・生活・物流)」	23	来年の就業体験学習について 職業人として使える48能力調べ
12	職業理解ビデオ鑑賞 「新規・成長分野の産業と職業 (情報・国際・人材派遣)」	24	自分レポートの作成 スーパー (Super) のキャリアレインボー
		25	「産業社会と人間」の授業を振り返る

になることを夢見る男子生徒は、航空機にも通じるエンジンの勉強を通じて、苦手な数学の勉強が必要であることを強く感じたと言います。

こうした体験を一年生の段階でしているからこそ、二年生の通年での本格的な就業体験学習が生きてくるのでしょう。さらに三年生には、二年間の体験学習を発展させた体験講座も用意されています。

ボランティア体験で社会にふれる～神奈川県立秦野南が丘高校～

ボランティア活動をキャリア教育に関連づけて行っているのが秦野南が丘高校です。同校では「生徒ボランティア登録」を実施し、公的機関からの要請に対して募集を行います。なんと年間で述べ四千人を越えるほどの活発な活動をしているそうです。だからこそボランティア先への就職を希望する生徒や、ボランティア活動をきっかけにして職業選択を明確にした生徒も多いようです。

ボランティアですから、本来、あまり注文はつかないはずです。けれどもこの学校では、ボランティア要請機関と提携して生活指導、職業指導の視点でも受け入れ態勢を敷いても

平成19年ボランティア活動予定表（４～８月まで）

時期	名　称	主　催	内　容
4月	みのりの家バザー	みのりの家	バザー手伝い
	里山ハイキング	市協連	環境整備
5月	中体連体操補助	中体連	大会補助
	丹沢山開き	秦野市	イベント出演
	小学生陸上指導	南が丘小学校	スポーツ指導
	精華園運動会	精華園	イベント補助
	園児春の遠足	みなみがおか幼稚園	園児補助
	プール清掃	本校	清掃
	ホタル公園整備	秦野ホタルを守る会	環境整備
	竹馬教室	みどり幼稚園	スポーツ指導
6月	いもっこクラブ	南地区青少年育成会	環境整備
	敬老会お楽しみ会	南地区社会福祉協議会	イベント参加
	ホタル観察会	秦野ホタルを守る会	イベント補助
	Yes愛doチャリティーコンサート	Yes I do	イベント参加
	小学生プール指導	南が丘小学校	スポーツ指導
7月	幼稚園プール指導	みなみがおか、南、みどり幼稚園	スポーツ指導
	川遊び	みなみがおか幼稚園	園児補助
	夏休みバイク指導	ヤマハほか	イベント参加
	バレーボール市大会	秦野市体育連盟	スポーツ指導
夏休み（8月）	サマーシアター	演劇サークル　サマーシアター	イベント補助
	納涼大会	南が丘自治会	イベント補助
	精華園納涼祭	精華園	イベント参加
	秦野野外造形展	秦野市自治振興課	園児補助
	タンポポ教室	秦野市社会福祉協議会	児童福祉
	盆踊り大会	秦野市自治振興課	イベント参加
	児童ホーム	南が丘児童ホーム	児童福祉
	ナイトウォーク	南地区自治会連合会	園児補助
	保育ボランティア	各市保育園	児童福祉
	ぶどう狩	手をつなぐ育成会	児童福祉

※以下，スペースの都合で省略。９月以降も同程度の頻度で行われている。

らうことで、キャリア教育に必要な厳しさを加味しています。

このほか同校では、「地域講座」と称して、総合的な学習の時間を活用し、各学年各学期に一回、進路に関するテーマで外部講師による講習会を実施しています。例えば、「あなたは将来どんな社会を、自分を望みますか」というテーマで、実際に会社を作った方に、自分の経験やなぜ自分がこの職業についたかを語ってもらうのです。

このようにボランティア活動や地域講座を通して、常に外の社会との接触をもたせていることが、子どもたちの成長を促し、進路意識の形成にもつながっているのです。

なお、この神奈川県立秦野南が丘高校と、前出の大秦野高校は、平成二十年に統合し、新しい高校となる予定です。

キャリア教育の伝統校。エンカウンターを生かしたサイコエジュケーション〜武南高校〜

武南高校は、高校のキャリア教育の三つのポイントのうち「具体的な職業イメージを抱かせる」を重視したタイプの、内省的なキャリア教育の先進校であり、伝統校です。

まず同校の教育相談部が、昭和五八年という非常に早い時期に、ロングホームルームで

ガイダンスセンターのロングホームルーム指導計画

日程	時間	１年生	時間	２年生	時間	３年生
１学期		宿題「GC を知る（ハンドブック学習）」宿題「出会いのために」				
	1	インタビュー（級友を知る）				
			1	I am OK.	1	推薦入試ガイダンス（集会）
	1	級友の意外な面				
					1	10年後の私
	1	自分を見つめよう（長所さがし）	1	エコグラム（自己理解）	1	先輩を囲んで
			1	自己主張	半日	大学訪問
夏休み		夏休み職業インタビュー（宿題）		学部・学科しらべ（宿題）		
２学期					1	入試直前ガイダンス（集会）
	1	KJ 法による職業興味探索（１）				
	1	KJ 法による職業興味探索（２）			1	別れの花束
	1	１年間の棚卸し				
３学期	1	学部・学科ガイダンス（集会）	1	１年の計は元旦にあり		
	1	センター入試ガイダンス（学級）	1	価値と人生		
	1	私たちのホームルーム	1	センター入試ガイダンス（集会）		

國分康孝監修，篠塚信・片野智治編著『実践サイコエジュケーション』図書文化，44ページ

行うサイコエジュケーションの展開事例を作成することを始めました。その後、平成四年には、教育相談部と進路指導部が統合されてガイダンスセンターができ、心理面のサイコエジュケーションと生き方あり方の進路指導が一体的に展開されることになったのです。

老舗は老舗でしかできないよさがあります。武南高校のガイダンスセンターの実践は、片野智治先生と吉田隆江先生が軸になって展開してきました。片野先生が数年前に跡見女子大学教授になられたあとも、葛西紘一先生がガイダンスセンター長として伝統を引き継いでおられ、吉田先生がキャリア相談を担当されています。

実践の特色は、構成的グループエンカウンターの手法を使ったキャリア教育です。具体的には自分を見つめること、仲間と語り合うこと、の二点を軸にしたキャリア教育を展開しています。エンカウンターの第一人者が作り上げたキャリア教育だけあって、エクササイズの内容も進め方も全国のモデルとなるものです。

キャリア教育としてよく使われるエクササイズに、例えば「私のセールスポイント」があります。これはベーシックですが、奥深いエクササイズです。

・まず四人組になり「私の自慢したいこと」を二分程度ずつ話します。

・次に友達の話を聞いて気づいたことをワークシートに書き、グループで回し読みます。
・そして私の自慢を語りながら、自分はどんな自分を語っていたか三つほど書き出します。
・その三つについてそれぞれ思いつくことをできるだけたくさん書き出します。
・たくさん書いたものをグループで見せ合い、最後に感想を書きます。

こうして自分の長所を確認することで、自分の「長所」を伸ばしていこうという意欲を実感を伴って育んでいくことができるのです。ねらいに直結するシンプルな仕掛け。そして授業の進め方に多くのコツが見られます（詳しくは『実践サイコエジュケーション』篠塚信・片野智治編著／図書文化参照）。このあたりがエンカウンターを行うときのポイントです。

さてもう一つの特色は、ガイダンスセンターの長い歴史によって、構成的グループエンカウンターを活用した年間計画が立てられているところです。これはキャリア教育だけでなく、人間教育といっていい内容です。その中でキャリア教育もできるようになっているのです。

第4章

教師自身のキャリアづくり

自分のキャリア形成を見つめ直してみよう

この章では、読者自身のこれまでの人生やキャリア形成について振り返っていただきたいと思います。自分のキャリア形成について振り返ったことがない教師が、子どもたちのキャリア形成を支援していくのはむずかしいと思われるからです。

まず、教師のキャリア形成の特徴を三つあげたいと思います。

キャリアで悩む経験が少ない

教師はほかの職業に比べてキャリア形成について自覚的に悩む経験が少ないようです。例えば、小さいころから先生になりたかったり、親御さんが先生であったり、女性の安定した職業として教師を薦められたなど、無難な考え方で教師になっていることが少なくありません。周りの人のアドバイスに従って国立大学の教育学部に進み、教員採用試験に受かってそのまま教師になったという、優等生的なキャリアを着実に進んできた方が多いようです。

「なぜ教師になったのか」というキャリアに関する葛藤や悩みをもちにくい先生方が、子どもたちのキャリア形成を支援するところに、まずむずかしさがあると思われます。

教師は特殊なキャリア形成

現実の社会では、計画どおりにキャリアを進んだ人はほとんどいないようです。

あるとき、私は大学の就職課でキャリア支援をしている方々二百人を対象に講演をしました。そのとき彼らにたずねました。「みなさんは、いま、大学生のキャリア支援を仕事にしているわけですが、では、みなさん自身は、大学生のときにいまの仕事につくことをめざしていましたか」。その結果、彼らのうち「大学生のときにいまの仕事につきたいという希望をもっていた」人は、わずか二百人中に一人であることがわかりました。

私はさらにたずねました。「みなさんは、大学生のときには思いもよらなかった仕事についておられるわけですね。ではみなさんは、いまの仕事に満足していますか」。すると今度は、約十人を除いた全員が挙手をしました。つまり、彼らの九五パーセントは、大学生のときには望んでいなかった仕事についているにもかかわらず、いまの仕事にたいへん満足している、というわけです。いま満足のいく仕事をしている就職課の方々も、計画的意図的にいまの仕事を獲得しようと思って獲得した人は一パーセントに満たないわけです。

いっぽう教師は、野球選手やサッカー選手、幼稚園保育園の先生などと並んで、子ども時代に仕事を見ることができる非常にまれな職業です。そのせいもあってか、キャリアデザインを考え、将来の見通しをもって計画的に生きるのがいいのだという、生まじめで直線的なキャリアをイメージする先生が多いようです。

つまり多くの教師は自らのキャリアについてあまり自覚的に考える経験をもっていません。にもかかわらず、子どものキャリア形成を支援することになるという、矛盾した状態にあるわけです。

自覚的なキャリア選択の自由がない

教師には、いったん教師になったあとで、自覚的にキャリアを選択していく自由がありません。例えば、私は、全国の教育委員会に招かれて、よく講演を行う関係で、各地の指導主事の方とのつき合いが多いのですが、その方たちの中で、「来年くらいに指導主事になりたい」と望んで指導主事になる人は皆無です。「私たちは委員会の指示に従うだけですから」が多くの先生方の言葉です。唯一、意志決定の機会がある管理職試験を受けるかどうかでさえ、実際には管理職からの薦めがあって初めて受けることができるという自治体が多いのです。

自分のキャリア形成について、自覚的な選択の余地がほとんど与えられていないのが教師なのでしょう。もしあるとしたら、そろそろ教師を辞めるかどうか、何歳まで現役の教師を続けるかどうかという選択だけでしょう。

つまり教師は、キャリア選択に非常に無自覚にならざるをえない職業なのです。キャリア形成について、教師の側の経験はほとんどゼロに近いといえます。これは結婚したことのない人が、結婚相談にのっていることとほとんど変わりません。自分がキャリア形成を自由に選び取る自由が与えられていない人たちが、子どもたちのキャリア形成を支援するという、大きな矛盾があるわけです。

教師のミドルエイジクライシス

教師はキャリア形成になじみのない職種であるといえます。しかし私は教師もキャリア形成にもっと自覚的であるほうがいいと思います。

私は「悩める教師を支える会」の代表として多くの先生方の悩み相談にのっていますが、三十代半ば以降、四十代後半までの間に「ミドルエイジクライシス」を迎え苦しまれる先生が少なくありません。

地域によっても差があります。一つは、教員の年齢構成が四十代に集中しすぎていて、そろそろ教務や生徒指導主任をやって管理職をめざしたいと思っても、ごく一部の人間しかそうなれない地域です。「このまま、最後まで、担任を続けることになるのか」――そう思うと、体力の問題、子どもたちや親たちとの価値観のズレの問題、自分が若いころに身につけたスキルが通用するかどうかといった問題を抱え、「私は果たして、この仕事を続けていけるのかどうか」自信がなくなってきます。

もう一つは、いま働き盛りの四十代の教師の年齢層が薄く、否が応でも管理的な仕事につかされる可能性が高い地域です。こうした地域では、四十代半ば近くになると担任をしている先生がほとんどいなくなります。学校の中で生徒指導担当、そして教務、次に教頭、校長と出世するパターンと、委員会に指導主事として出向を命じられるパターンがあります。脂がのりきっているときに担任から外された教師は、ふと次のように考えます。

「私はこの仕事を続ける以上、学級担任には戻らず、生徒指導担当、教務、教頭、校長、という管理的な仕事をずっと歩むことになっていくのだろう。しかし私はこんな仕事をするために教師になったのだろうか。たしかに認められて、出世といわれるルートを歩むことになったのはうれしいことだ。しかし、こういう仕事をずっとやっていって、それで自分の人生を終えていくと思うと……それでいいのだろうか」

いずれの地域の場合も、早い人は三十代後半、遅い人で五十代前半に「果たして私はこのまま教師という仕事を続けていいのだろうか」という問いに直面するわけなのです。

教師のキャリア形成に問われていること

先生方には大きな問いが投げかけられています。ここで考えていただきたいことを三つあげます。

・あなたは教師を続けますか？
・なぜ続けるのですか？　お金のためですか。もっといい教師になるためですか？
・教師を続けるには、どんなスキルを身につける必要があるでしょうか
「お金のために」と答えた先生を責めるべきだとは思いません。私も含めて、まずは生活のために人は仕事をするものだからです。しかしまったく理想をもたず、力量が低下するままにしている先生に面倒を見られる子どもたちはかわいそうです。子どもたちのキャリア形成を支援する以上は、自分自身、次の問いをずっと抱き続けてほしいものです。
・私はこれ以上教師をやる意味があるのだろうか
・教師を続けていく必要があるのかどうか
・もしそうでないとしたら、どんな別な職業に移るのか
・教師を（定年前であれ、定年時にであれ）辞めたあと、どんな人生を自分はつくっていきたいのか
自分の人生を自覚的にキャリア形成していこうと考えられる先生でなければ、子どもたちのキャリア形成を支援する資格はないと思うのです。

教師のキャリア創造のための九つのレッスン

教師が自分のキャリアを考えていくうえで、大切だと思う九つの柱をレッスン形式で進めます。

レッスン1　真の意味で自己中心であれ

一番目は「真の意味で自己中心であれ」です。ジコチュウというと悪いイメージをもつ方がいるかもしれません。けれども、ほんとうの意味での自己中心は、自分の人生の中心、つまり「自分の人生の主人公は自分である」ことです。

自分の人生の脇役にしかなれていない人、いつも周囲や他者からの評価ばかりを気にして生きているほうが、教師には少なくないようです。これでは自分の人生を生きていることにはなりません。

カウンセリングで自己実現していく人にみられる変化の方向性

1　偽りの仮面を脱いで、あるがままの自分になる
2　「こうすべき」「こうあるべき」といった「べき」から自由になる
3　他人の期待を満たし続けるのをやめる
4　他人を喜ばせるために、自分を型にはめるのをやめる
5　自分で自分の進む方向を決める
6　結果ではなく、プロセスそのものを生きる
7　変化に伴う複雑さを生きる
8　自分自身の経験に開かれ、自分がいま何を感じているのかに気づいていく
9　自分自身を信頼する
10　他人をもっと受け入れるようにする

※諸富祥彦他訳『ロジャーズが語る自己実現の道』（岩崎学術出版社）を参照。

自分の人生の主人公は自分。自分の人生で自分が中心におかれているイメージをもって生きることが、キャリア形成の出発点です。それには「俺には俺の生き方がある」「ほかの人からどう思われても、決然として自分の人生を生きていく」という決意と覚悟が必要になります。

実はこれはカウンセリングがうまくいっているときに、クライアントの方が示す変化の方向性にも一致するものです。来談者中心療法を始めたカウンセリ

ングの神様、ロジャーズは、成功するカウンセリングでは、右のような変化の方向性が共通してみられると指摘しました。

要約すると、「他者の期待に応える生き方をやめて、自分の心の声に耳を傾け、自分らしい人生を生きていけるようになる」「他人中心の生き方をやめて、自分中心の生き方をするようになっていく」「自分の人生の主人公が他者や世間であるような生き方に別れを告げて、自分が自分の人生の主人公であるような生き方を選択するようになる」。まずこれがキャリア形成の原点なのです。

レッスン２　孤独力を養え

二番目に私が提唱しているのが「孤独力を養う」ことです。孤独力とは、「一人になって自分の心に深く耳を傾け、自分らしい人生をクリエイトしていく力」です。私は『孤独であるためのレッスン』（ＮＨＫ出版）と『孤独のちから』（海竜社）などの著書を通して、現代人には孤独力が不可欠であると提唱し続けています。

人はだれでも、人に嫌われるのはいやなものです。しかし、それを避けるために、周囲

なに…
孤独力を
養っています
話しかけないで
下さい。山田一郎
なるほど、
孤独力ね…
なに？
孤独力って…

の人に同調し合わせてばかりいては、自分の心が死んでしまいます。お昼を一緒に食べようと誘ってくれる人がいないからと会社や大学に行けなくなり、会社や大学をやめていく、ランチメイト症候群といわれる人たちもいるのです。

そんな生き方から自由になるには、「孤独力」を身につけ、一人でいて自分らしく生きていく力を身につけることが必要です。

ゲシュタルトの祈り

私の大好きな詩に、Ｆ・パールズの「ゲシュタルトの祈り」があります。ぜひこれをじっくりと読んでいただきたいのです。

・この詩をゆっくり五回ぐらい読んで、テープレコーダーに録音してください。
・そして、自分の声で吹き込んだゲシュタルトの祈りを、何度も何度も目をつぶりながら、ゆっくりと聞いてください。
・自分の心の中で、どんなことがわき起こってくるかを感じてみてください。もし隣にだれかいたら、隣の方にゆっくり五回ぐらい読んでもらってください。いろいろな感情が

ゲシュタルトの祈り

わたしはわたしのことをやり
　　あなたはあなたのことをする
わたしはあなたの期待にこたえるために
　　この世にいるのではない
あなたはわたしの期待にこたえるために
　　この世にいるのではない
あなたはあなた、わたしはわたし
もし偶然出会えば、それはすばらしいこと
もし出会わなければ、それはいたしかたのないこと

　　Ｆ・パールズ

わき起こってくると思います。

「そんなことを言われても」という気持ちになる方がいます。これはまだ孤独力が十分に育っていない、一人で生きていく決意がまだできていない方です。

また逆に、「それはそうだ！　自分はもうＯＫ。一人で生きていける」という感覚をもつ方もいると思います。

このゲシュタルトの祈りをゆっくり読んで、自分の心に響かせる。それが、自分にどのくらい孤独力が育っているのかを試すリトマス試験紙になると思うのです。

孤独力を身につける「自分との対話」

孤独力を身につけるには、マイスペースを見つけて、自分と対話する習慣をつけるのも有効です。ポイントは、頭で考えず、ぼーっと思いをめぐらすことです。

まずマイスペースを作りましょう。家の中ならトイレとかお風呂、ベランダでも構いません。家の外なら一人で入れるカフェやバー、飲み屋。たまには近くのホテルに一人で泊まるのもいいでしょう。近場の川や海、池や湖に行って、ぼーっとしても構いません。そういうところで一人になって、自分自身と対話する習慣をつけるのです。

先生方は意外と一人になることが苦手な方が多いようです。一人になって、「私はこんなふうでいいのかなあ」「このまま生きていっていいのかなあ」「こんなふうに生きていって死ぬときに後悔しない生き方ができるかなあ」と、ふと立ち止まって、自分の心の声に耳を傾ける習慣をつけることが必要だと思います。

いま教師の仕事量が増えています。懸命に働いているうちに、自分を見失い、過労状態が続き、気づいたら燃え尽き症候群から鬱病になってしまう、場合によっては死にたいと思うようになる先生もいます。ご自身のメンタルヘルスの維持のためにも、ふと立ち止まって自分の心の声に耳を傾ける、自分と対話する習慣をつけてほしいと思います。

レッスン３　自分が作りたい「人生という作品」をイメージせよ

三番目は「自分が作りたい人生という作品をイメージせよ」です。こんな人生を生きていきたいというシナリオ、自分の人生のイメージができていないと、それを実現することはできません。よく言われるように、心の底からこんなふうになりたいという願望を抱けば、それを実現する可能性は高くなるのです。

ただし、あまり先のことを考えて、十年後にこうなって、二十年後にこうなってと思いすぎるのはよくありません。なぜならそこに、我欲と邪念が入り込んでくるからです。こんな人生を実現したいという我欲に縛られると、実現したい、実現しなかったらどうしようという不安が強くなる。すると不安が先に立って、実は結果的に、そういう人生を実現できる可能性は低くなっていくのです。逆説的なようですが、キャリアデザインは強く願えば願うほど、その実現可能性は低くなっていく、という真実の法則があります。

よくキャリア教育で「十年後の自分を見つめよう」「二十年後の自分を見つめよう」とキ

ャリアデザインを考えさせます。しかしあれをやって目標意識をもたせすぎると、まじめな子どもであればあるほど、自分のキャリアデザインに縛られるようになってしまいます。

願望は一瞬でイメージする

では、願望の力はどうやって利用すればいいか。一言でいえば、〝一瞬だけのイメージ〟が大切なのです。

例えば、先生が新しい学級の担任になって「こんな学級をつくりたいなあ」と思うとします。そのとき、夜空を見て歩きながら、あたかもそういう学級をつくれたかのような気分になって、学級のイメージを、可能なかぎり具体的に、パッと数秒思い浮かべるのです。三秒から四秒パッと思い浮かべる。それで十分なのです。それ以上は考えない。そういう学級をつくるにはどうしようとか、絶対つくってみせるぞとか、あまり考えないことが大事です。

潜在イメージは、一瞬に潜在意識に焼きつけるものです。すると実現できるということが自分のシナリオになって、実現できるような行動をおのずと取り始めるのです。

すごいっ！
いろいろイメージが
わいてきたっ
完璧っ!!
えっ!?
シンプルにじゃっ!!

レッスン4　ほんとうにしたいこと、わくわくすることに無我夢中で取り組め

キャリアを考える大切な柱の四番目は、「ほんとうにしたいこと、わくわくすることに無我夢中で取り組め」。これは、逆にいうと、したくないことはするな、ということです。そんなことを言っても、こんなに仕事を任されているのだから無理だろうと思う人がいるかもしれません。けれども実はこれが非常におすすめなのです。

私のところには、長期研修の先生がよく来られています（いまでも、半年以上の長期研修の方は喜んで受け入れます）。

半年の休みが取れることになった先生方は、たいていガツガツ勉強しようとします。しかし目先のことよりもやってほしいのは、一か月間、ほんとうにしたいと思うこと以外は何もしない、ということです。長期研修期間はチャンスです。あるいは一週間の休みを取る。夏期休業中でも、年末年始でも、ゴールデンウィークでも構いません。三日間でも五日間でも構いません。

仕事から解放される日を取って、まずぐうたらと寝てみて、ほんとうにしたいこと以外はいっさいしない。ほんとうに自分はいま起きたいのか、ご飯を食べたいのか、それを自

分で見極めて、「食べたい」と確認できなかったらしない。ほんとうにしたいこと以外はしないのです。

そうして初めて私たちは、すべきことを次から次へとやっていくという、悪しき習慣から解放され、ほんとうにしたいことなのか、それともしなければならないからやっているだけのルーティーンなのかを見分けられるようになっていくのです。

しなくてはいけないこと、すべきことにひたすら取り組んでいるうちに、そのことがほんとうにしたいことなのか、したくはないけれど義務心でやっているのかの区別さえつかなくなってくる。教師という仕事をしたくてしているのか、したくないけどイヤイヤしているのか、その区別さえ自分でもつかなくなってくるのが非常に怖いことなのです。

したくないことはしないという習慣がついたら、今度は学校で校長先生との話し合いが必要になります。来年度の仕事を任されたときに、ほんとうにしたいこと以外はしない。ほんとうにしたいことはこれだと思ったら、自分のほうから「ぜひ教育相談担当やりたいんです」「来年はぜひ特別支援担当やりたいんです」と管理職に申し出るような習慣をつけるのです。つまり、他人任せの生き方から、自分で自分のシナリオを書くような人生に転換していってほしいのです。

レッスン５　心の声やざわめきに耳を澄ませ

教師のキャリアを形成する五番目は、「心の声やざわめきに耳を澄ませる」ことです。人生を変えるきっかけは、内側のかすかな声や、ザワザワとした「違和感」として届けられてくることが多いものです。心理学ではこれをフェルトセンスといいます。

私たちカウンセラーのもとに来る人は、「なんか自分が自分じゃないような気がする」とか「このままこんな感じでいっていいのかなあと思って」というふうに、かすかな違和感を自分の内側で感じて来られる方が多いのです。つまり内なる違和感が自分の人生を変える大きなきっかけになるのです。

先ほども書きましたが、一人でぼーっとしながら「私はこのまま生きていっていいのかな」「こんな感じでいいのかな」と、自分の心の声に耳を傾ける習慣をつけましょう。そしてその違和感に忠実になってください。それが自分の生き方を変える一つのきっかけになるのです。

レッスン6　偶然の出会いや出来事に心を開け

六番目は、「偶然の出会いや出来事、共時性に心を開け」です。

これは、アメリカカウンセリング学会の前会長であるジョン・クランボルツ博士が提唱した、プランド・ハップンスタンス・セオリー、「計画された偶然性理論」のエッセンスです。これはこれまでのキャリア理論を覆すような理論で、これぞ現実のキャリア理論だといえるものです。クランボルツさん自身の体験談を引用します。

私自身のエピソードを紹介しよう。

私は現在、カリフォルニア大学で、教育・心理学の教授を務めている。しかし私は、十八歳のときにいまの私を目指していたわけではない。十八歳のころは、スタンフォード大学という存在すら知らなかった。もちろん、大学教授になるなど、夢にも思っていなかった。実際のところ、自分が何になるかなどまったく理解していなかった。

では、なぜ私は大学教授になったのだろうか。八歳のころ、当時私が住んでいたのはアイオワ州の小さな町だったが、自転車に乗ってそこここを探索するのが大好きだった。

ある日、いつものように未知の場所へと自転車を走らせたところ、ちょうど私と同年齢の少年が家の前でサッカーボールをけって遊んでいた。私は彼に声をかけた。「アルじゃないか。幼稚園で一緒だったジョンだよ」。私のことを覚えていたアルは、一緒にサッカーボールで遊ぼうと誘ってくれた。喜んで私は彼とボールをけり始めた。二人がサッカーに飽きてしまったころ、アルが言った。「地下室にピンポン台があるから、一緒にピンポンをやろうよ」。私はピンポンのやり方を知らなかったので、アルに教えてもらった。その日から私たちはピンポンで遊ぶようになった。

四年ほどたって、アルがテニスをやろうと言い出した。彼の妹が誕生日プレゼントにテニスラケットをもらったからだ。アルは自分のラケットを持っているので、彼女のラケットを私が使わせてもらえば二人でテニスができる。もちろん私は、テニスをやったことはなかった。そこで今度もアルにやり方を教えてもらった。もっともアルもテニスのことはよくわかっていなかった。ピンポンのようなものだよというので、まさしくピンポンのようにテニスを楽しんだ。ただし、テニスは家の前の道路ではボールがあちこちに飛んでしまうので、地元の高校のテニスコートでやらなければならなかった。

テニスコートでピンポンのまねごとをしている私たちを見かねて、周りにいた人たちが本格的なテニスのルールややり方を教えてくれた。すっかりテニスに夢中になった私は、高校に進学してテニス部に入った。大学でもテニス部に入った。大学では、ウィスコンシン州やアイオワ州の他大学との交流試合に明け暮れた。週末になると五人の選手とコーチの六人で一台の車に乗って、あちこちの大学に遠征した。だから、私たちはすっかり仲よくなった。

大学二年になると、大学の事務局から専攻を決定するようにという通知が来た。私はそれが何を意味しているかが理解できず、通知を無視することにした。一か月後に同様の通知が再び手元に届いたが、私はこれも無視した。さらに一か月後、また通知が届いた。そこには、期限までに専攻を決定しないと退学になると書かれていた。

驚いた私は、テニスのコーチに助言を求めた。コーチは、心理学の教授だった。そして彼は、「何を専攻していいのかわからないんです」という私に、「当然、心理学だよ」と答えた。そして私は、心理学を学ぶことにした。（『人材教育』二〇〇一、七月号、四八―四九頁より）

クランボルツ博士は、ビジネス界、学術界、芸術界などの人生の成功者に対して、自分の人生を成功や幸福に導いていった要因を調べていきました。

すると、人生の成功者が、自分の人生を成功に導いた要因のうち、計画的に実現していった要因はわずか二割!!　残り八割はたまたま偶然の出会いや出来事を大切にし、それをうまく人生に生かしたり乗っかったりした結果によるものだということがわかったのです。

この結果から、人生の計画を立てて実現していこう、まじめに努力していこうという姿勢が強すぎてそれに縛られてしまう人は、実はかえって幸福になりにくいということがわかってきました。むしろ、ある程度優柔不断であること、言いかえると、あまり先々を決めすぎずに開かれた態度でいることが大切なのです。そのときどきに起こる偶然の出来事やたまたま得た出会いに、開かれた心、オープンマインドをもって、乗っかれる力をもっている人が幸せになりやすいのです。

リスクを取る力を育てる

人生を形成するうえで大事なのは就職と結婚です。その際、「私はこういう人間ですから、こういう人と結婚したいのです」といって自分のタイプや価値観と合わない人をシャットアウトする傾向が強い人は、結婚しないまま一生を過ごす可能性が高くなります。「いままでこういうタイプの人とはつき合ったことはないけど、何か魅力がありそうだからつき合ってみるかな」とフラッと思える。友達の結婚式の二次会に、「もしかしたらここに行ってみたら楽しい出会いがあるかもしれないから」と、ふらふら〜と行ける。この、ふらふら〜と足を運ぶことが、実は結婚生活においても、職業生活においても非常に大きな力になるのです。

たまたま誘われたときにふっと予感がしたら居酒屋に行けるかどうか。居酒屋で気が合った人に、今度もう一杯行きませんかと乗れるかどうか。そこでチャンスを自分で開けるかどうかが必要なのです。こういうことに学校の先生は慣れていないようです。

クランボルツさんの調査では、次の五つがとても大事であることがわかりました。

隣り同士に
なったのも
何かの縁っ
どうです？
お茶でも・・
まぁ・・

・好奇心…新しい学びの機会をつくり出す。いろいろなことにワクワクできるか、興味をもてるか。
・持続性…困難に負けずに努力を続ける。努力を続けられるかどうか。
・柔軟性…態度と環境を変える。オープンマインド。優柔不断。
・楽観主義…さまざまな新しいチャンスを達成可能なものと見なす。
・リスク・テイキング…不確かな結果に直面しながらアクションを起こす。リスクをおかして不確かなものに自分をかけられるかどうか。

これらの力が実はキャリア形成の基本的な力なのです。リスクを取る。ふらっと足を運ぶ。そのような力が、実際のキャリア形成で重要な要因となるのです。

レッスン7　運命の方向感覚を取り戻せ

教師のキャリア形成におすすめしたい七番目は、「運命の方向感覚を取り戻すこと」です。

プロセス心理学の提唱者、アーノルド・ミンデル博士にお会いしたとき、私は、思春期の子どもにかえった気分で、こうたずねてみました。

「アーニー、人生の意味、人生の目的って何だろう?」。するとミンデル博士は、こう答えてくれました。「フー・ノーズ。神のみぞ知る。ただし、自分の人生がどちらに向かうべきかという方向感覚はみんなもっている。その方向感覚に目覚めてそれに従って生きていくことはできる。それに従って生きていくときに、人は皆、自分の人生は意味あるものだと感じていくようになるものだ」と。

方向感覚をもって自分の人生を生きている人は、ああ、自分はこういう人生を生きることになっていたのだ、私はこういうミッションを与えられていたのだというふうに、運命の感覚を感じます。この感覚をもてるように生きていくことが大切なのです。

ここで私が先生方に問いたいのは、「あなたは自分の人生に運命の感覚を感じることができていますか」「何かに誘われている感じ、何か自分を越えた大きなものから与えられている運命の声や誘いの力に導かれて、自分の教師人生を生きている感じはありますか」ということです。

人生の成功者の多くはみんなこの運命の感覚をもっています。

さらに、真の自己実現者は、マズローも言うように、自分のしたいことを実現したいとか、自分の要求を実現したいという欲求はあまり抱いていません。自分の人生には天命が与えられている、ビジョン、ミッション（使命、天命）が与えられていて、自分の人生では自分のいのちに与えられた使命にひたすら取り組んでいるという実感をもって生きているのです。

このような感覚をもつことができる人が、幸福な人生を歩めることができる人なのです。教師を続けていることに、ミッション、使命の感覚を感じることができるかどうか。「ああ、私はこういう仕事をするために生まれてきたのだ」という実感をもちつつ仕事ができているのかどうかをご自身に問うてほしいのです。

レッスン8　一歩踏み出す勇気をもて

八番目は「一歩踏み出す勇気をもて」です。

私がいつも学生に言っている言葉があります。「迷ったら、セイ・イエス」。この仕事、引き受けようかどうしようか迷ったときには、まずイエスと言ってみることが自分の人生を豊かにしていくということです。クランボルツ博士が語る「ユエル」の例をご紹介します。

サンフランシスコへやってきたユエルは、仕事も友人も、お金も持っていなかった。ようやくある金物屋に職を得て、配管用の道具を売る仕事についた。ある日、お客がやってきて、「はんだづけができるか」とユエルに問うた。「もちろん、できます。なぜそんなことを聞くんですか」とユエル。するとお客は、「明日から大きなプロジェクトをやるのだが、はんだづけができる人を探しているんだ」と答えた。「では私が伺いましょう。時間と場所を教えてください」。お客が店を出た後、ユエルは同僚からはんだづけのやり方を習った。実際には、ユエルははんだづけのやり方を知らなかったのだ。しかし、彼は同僚からそれを学び、スキルを身につけた。そして翌日、彼は現場で非常にいい仕事をやり遂げた。その結果、このお客のアシスタントに昇格し、そこで配管工の仕事を学び、ついには自分で配管工の会社を起こした。

現在ユエルは、サンフランシスコで大きな配管工事の仕事を成功させている。多くの社員を雇い、もう自分では配管工事を行わず、システムの設計だけを手掛けたいそうだ。

ユエルの物語でわかるとおり、ノーではなくイエスと答えることによって、予期しない、大きなキャリアの可能性が開かれるのだ。もちろん、「はんだづけはできるかい」と問われたときのユエルは、これを理解していなかっただろう。自分が身につけてもいないスキルを持っているといったことはうそをついたことにならないのか、と疑問に思われるかもしれない。いや、うそではないのだ。彼は、「明日ならはんだづけができます」と答えたにすぎないのだから。（『人材教育』二〇〇一、七月号、五〇頁より）

このユエルの例のように、何か「これは！」という予感を感じたならば、できるかどうかわからなくても、まずは「イエス！」と言って乗っかってみる。そして約束の期日までに自分の力を磨く。そうやってたまたま得ることのできた偶然の出会いや出来事を大事にするのです。つまり、プランド・ハップンスタンス・セオリーは、日本的にいうと「ご縁を大事にする生き方」なのです。

「私にはまだまだ……」などとばかり言っていろいろな可能性を拒否してばかりの方が

います。一見、謙虚《けんきょ》のように見えますが、せっかく与えられたチャンスを、棒に振ることのほうが、私に言わせれば、ずっとごうまんな生き方です。

たまたま与えられた出会いや出来事に、「ああ、やってみようかなあ」と心を開く。そうすることで自分の人生の幅を広げていくことができるのです。

レッスン9　祈りと感謝の心をもて

最後のレッスンは、「祈りと感謝の心をもつ」ことです。

幸せな偶然の出会いがもたらされたとき、「私ががんばっているのだからあたりまえだ」「幸せになれてあたりまえだ」というごうまんな心構えをもっていると、人生はどんどん細ってきます。

逆に、いろいろな偶然の出会いや出来事に感謝の気持ちをもって、「今日もこんな人と出会えてありがたい」「こんな出来事にめぐり合えてありがたい」という気持ちで生きていると、すべてがチャンスに思えてくるものです。祈りと感謝の気持ちをもって生きていける人はすべてチャンスに変わってくるのです。

例えば、ある人から教育カウンセラー協会の研修講座のチラシを渡されたとき、「私には関係ありませんから」となるのか、「たまたまこの人から機会を与えられてありがとう、せっかくのご縁だから行ってみるかな」となるのか。そして行ってみるとこれこそまさに自分が求めているものだった。このようなことはよくあります。

人間関係を育てること

こう考えると、偶然の出会いや出来事を大事にできること、「ご縁の力」を大事にできることが実はキャリア形成にとって最も大切なものであることがわかります。人と人とのつながりを大事にすることが、実はキャリア形成につながるのです。いちばん大事なのは人づき合いなのです。「ご縁」によってもたらされた人間関係以上の財産はないのです。

好奇心をもってふらふらーっとすること。胸がときめいたり、チラチラと気になったものに思い切って乗っかっていく力。一歩踏み出す勇気。言葉をかえて言うと、いい意味でのちゃらんぽらんさ。これが実はキャリアを切り開いていくのです。

キャリアデザインをガチガチに立てていくとむしろ妨げになりがちです。それは、一つには、計画どおりに事が運ばないと、気まじめな人は「もう、いいや」と捨てばちになってしまいがちだからです。また、勉強の計画を立ててそれを実現していくような形でキャリア全体を考えてしまうと、あらかじめ立てた計画にかかわりないように見えてしまうと、偶然の出会いや出来事を無視してしまうことになります。それは、人生を成功に導くチャンスを逃してしまうことにつながるのです。

ラッキー（幸運）は単なる偶然ではありません。幸運は、自分に与えられた偶然の出会いや出来事に、心を開いて応じた者にだけもたらされるものなのです。

ご自分に与えられた「ご縁」に感謝の念をもって、先生自身の人生を豊かにしていきましょう。そして、子どもたちにもそれを伝えていってほしいと思います。

■お知らせ■

この章で紹介した考えにもとづいて，教師の自己成長，キャリアについての気づきの深まりを目的とした心理学のワークショップ（体験学習）を年数回開いています。講師は諸富祥彦。ご関心がおありの方は諸富のホームページ（http://morotomi.net/）をご覧のうえ，メール（awareness@morotomi.net），FAX（03-3658-6056）にてお申し込みください。郵便の方は90円切手をはった返信用封筒同封で下記まで。

〒101-0062　東京都千代田区神田駿河台１－１　明治大学14号館
諸富研究室内「気づきと学びの心理学研究会　アウエアネス」

おわりに

「自分づくりのキャリア教育は小学校から」
「こどものキャリアづくりを支援するには、まず、教師が自分のキャリアについて深く考えなくては」

こんな思いを胸に、本書をつくってきました。

小学校でのキャリア教育を十年以上前から提唱していた私としては、うれしい一冊となりました。

そしてこの間、多くの方々にご協力をいただきました。

まず、多くの学校や先生方に、いま行っているキャリア教育の実践資料を提供していただきました。ご協力をいただき、ほんとうにありがとうございました。おかげで、とびきりの実践事例を集めることができました。

編集の仕事では、フリーの編集者の関口和美さん、図書文化社の東則孝さんにお世話になりました。ありがとうございました。

最後になりましたが、日本教育カウンセラー協会およびそこで出会った受講生の方々、図書文化社常務の村主典英さん、そしてこのようなご縁を作っていただいた國分康孝先生・久子先生に感謝を申し上げます。

本書が、子どもたちの、そして先生方ご自身の「自分づくり」「キャリアづくり」に少しでも役に立てればと願っています。

諸富祥彦

■著者紹介

諸富祥彦（もろとみ・よしひこ）
明治大学文学部教授。一九六三年福岡県生まれ。筑波大学、同大学院博士課程修了。千葉大学教育学部助教授を経て現職。教育学博士。「現場教師の作戦参謀」として、抽象的ではない実際に役立つアドバイスを先生方に与えている。教師を支える会代表。著書に『自分を好きになる子を育てる先生』『こころを育てる授業ベスト17（小学校）』『ベスト22（中学校）』（図書文化）、『友だち100人できません』（アスペクト）、『どんな時も、人生には意味がある。』（PHP文庫）、『教室に正義を！』（図書文化）ほか多数。
著作・研修の案内はホームページ（http://morotomi.net/）、講演依頼はメール（zombieee11@ybb.ne.jp）にて。

「7つの力」を育てるキャリア教育

二〇〇七年八月一日　初版第一刷発行［検印省略］
二〇一五年七月一日　初版第八刷発行

著　　者　諸富祥彦©
発 行 人　福富　泉
発 行 所　**株式会社　図書文化社**
〒一一二・〇〇一二　東京都文京区大塚一・四・一五
電話　03（3943）2511　ＦＡＸ　03（3943）2519
振替　〇〇一六〇・七・六七六九
http://www.toshobunka.co.jp

装　　幀　本永惠子デザイン室
イラスト　三輪一雄
印　　刷　株式会社　厚徳社
製　　本　株式会社　厚徳社

ISBN978-4-8100-7503-8